# *Engel & Elfen*

begleiten dich

Andrea Schacht

# *Engel & Elfen* begleiten dich

Die schönsten Schutzengel- und Elfengeschichten

südwest

# Inhalt

★ = *Geschichten*

# Vorwort

Ein Buch braucht gewöhnlich am Anfang ein paar einleitende Worte. Nun hat dieses Buch aber zwei unterschiedliche Lesergruppen, die Erwachsenen und die Kinder. Deshalb gibt es auch hier zwei Einleitungen, in denen neben der Autorin selbstverständlich auch Angelo, der Schutzengel, zu Wort kommen muss.

## Vorab an die Kleinen

*Schutzengel Angelo erzählt den allzu neugierigen jungen Lesern, warum sie die Einleitung für Erwachsene nicht zu lesen brauchen, weil sie ja sowieso wissen, was es mit Engeln und Elfen auf sich hat.*

Hallo, ihr neugierigen Leseratten! Mein Name ist Angelo, und ich bin ein viele Jahrhunderte alter Schutzengel, auch wenn man mir mein Alter natürlich nicht ansieht. Ich werde euch durch dieses Buch begleiten und bringe auch eine Freundin mit, die mir dabei hilft. Es ist Elli Elfi, eine Wiesenelfe, die nicht nur das Gras wachsen, sondern auch die Glockenblumen läuten hört und vieles andere mehr. Aber jetzt muss ich auf den nächsten Seiten erst einmal Andrea zu Wort kommen lassen, die den Erwachsenen erklären soll, was das mit den Engeln und Elfen so auf sich hat. Ihr braucht diese komplizierte Einleitung natürlich nicht zu lesen, denn ihr wisst ja, dass es uns gibt und dass wir ständig um euch herum sind, auch wenn wir uns oft ganz und gar unsichtbar machen.

### Warum man den Großen das mit den Engeln und Elfen erklären muss

Manche Erwachsene haben Schwierigkeiten, sich daran zu erinnern, wie es war, als sie noch Kinder waren und mit Engeln und Elfen sprechen konnten. Deshalb muss ihnen etwas auf die Sprünge geholfen werden. Das geht nicht ohne ein wenig Geschichtsunterricht und etwas wissenschaftliche Märchenkunde, Themen, die euch wahrscheinlich schrecklich langweilen werden. Blättert also einfach weiter, bis ihr wieder mein Bild am Rand der Seite findet, da erzähle ich euch dann wunderbare und zauberhafte Geschichten aus der Welt der Engel und Elfen. Manche sind besonders lustig, andere eher ernst, aber alle ganz und gar wahr, das verspreche ich euch.

## An die Großen: Welcher Zauber in diesem Buch wirkt

Selbstverständlich gibt es Engel und Elfen! Es hat sie schon immer gegeben, und es wird sie auch weiterhin geben. Kinder, die noch mit einem Teil ihres Bewusstseins in einer Traumwelt leben, können sich viel leichter vorstellen, dass solche wunderbaren Gestalten um sie sind. Doch mit zunehmendem Alter, dem Erwachsenwerden und den Anforderungen des Lebens in der Realität werden diese geistigen Helfer immer unsichtbarer. Das hat auch seine Berechtigung, denn wir machen alle eine Entwicklung durch, die uns befähigt, in einer komplizierten und nicht immer gefahrlosen Welt zu überleben. Aber früher oder später erinnern wir uns an die Erlebnisse in der Traumwelt, sehen und verstehen sie vielleicht anders und stellen fest, dass die uralten Kräfte noch immer wirken. Nur nennen wir sie dann nicht mehr Engel und Elfen, sondern Zufall oder Schicksal, höhere Gewalt oder seltsame Fügung.

### Das Wissen um die verborgenen Mächte

Märchen, Lieder und Geschichten, in denen diese Kräfte personifiziert werden, in denen sie als handelnde Wesen auftreten – beschützend, belehrend, führend und tröstend –, begleiten die Kinder auf ihrer Reise durch das Erwachsenwerden. Sicher gibt es eine Phase, in der man den Glauben an das geheimnisvolle, Gaben bringende Christkind ablegt, aber viele Jahre später kommt dann vielleicht doch die Einsicht, dass es Mächte gibt, die Wünsche erfüllen, über die Natur und ihre Lebewesen wachen und den Sinn des Lebens offenbaren können.
Neben einer kurzen kulturellen und geschichtlichen Einführung zum traditionellen und neueren Wissen um Engel und Elfen finden Sie Geschichten und Gedichte, in denen diese Wesen ihre Macht entfalten. Sie bieten Hilfe zur Selbsthilfe, regen die Selbstheilungskräfte an und belohnen verantwortungsvolles Handeln. Auch Ratschläge für Kinder, wie sie mit ihren geistigen Beschützern und Helfern in Kontakt treten können, werden Sie finden. Lassen Sie sich verzaubern, denn die Macht des Glaubens und der inneren Bilder ist eine wunderbare Bereicherung.

# Die schützende Hand: Engel und Elfen

Engel sind geduldig, sie kommen, wenn man sie braucht, aber sie drängen sich nicht auf. Doch wenn sie sich zeigen, erfüllt die Menschen ein Gefühl unermesslichen Friedens. Elfen erfüllen diese Aufgabe für alle anderen Lebensformen, ob Pflanzen oder Tiere, Mineralien oder das Wasser, das züngelnde Feuer oder die wirbelnden Winde.

# Wie viele Engel auf einer Nadelspitze?

Wie selbstverständlich den Menschen des Mittelalters die Existenz von Engeln war, zeigt der Disput, der 1230 an der Pariser Universität geführt wurde. Dort wurde ernsthaft über die Frage diskutiert, wie viele Engel auf einer Nadelspitze Platz haben. Grund zu dieser im wahrsten Sinne des Wortes spitzfindigen Frage war die Auseinandersetzung darüber, ob Engel stofflicher oder geistiger Natur seien. Sind sie stofflich, so ist die Anzahl der geplagten Engel auf dem unbequemen Sitzplatz natürlich begrenzt. Sind sie jedoch unstofflich, so hat eben eine unbegrenzte Zahl von Engeln Platz auf dem engen Raum.

## Erzengel, Schutzengel, Dämonen und Co.

*Die Genien waren die – geflügelten – persönlichen und familiären Schutzgeister der Römer. Sie hatten ganz ähnliche Aufgaben wie Schutzengel.*

Wir sollten uns mit der Frage, wie viele Engel nun auf der Nadelspitze Platz nehmen können beziehungsweise ob sie stofflicher oder geistiger Natur sind, nicht allzu lange herumquälen – Engel gibt es, und sie sind wie die kleinsten subatomaren Einheiten, die die Physiker bisher entdeckt haben, wahlweise Materie oder Strahlung. Mal ist es eine warnende innere Stimme – gänzlich unstofflich –, ein anderes Mal ein Lebewesen oder auch ein Gegenstand, der unerwartet Hilfe bietet.

Seit Menschen ihre Mythen überliefern, tauchen Engel oder engelähnliche Wesen darin auf, und das alleine ist schon Indiz dafür, dass man sie nicht einfach übersehen kann.

Engel sind kulturübergreifend vorhanden, den es gibt sie nicht nur in der jüdisch/christlichen Überlieferung, sondern schon bei den Griechen, wo Nike, die Siegesgöttin, und Eros, der schelmische Liebesgott, mit Flügeln abgebildet wurden. In Persien sind die Vorläufer der Erzengel zu finden, und natürlich hat der Islam ebenfalls seine Engel, die den biblischen nicht unähnlich sind. Im Alten Testament wird mehrfach über Engel berichtet, die recht wenig einem romantisch verklärten Bild der gütiger Beschützer entsprechen, sondern unwidersprochenen Gehorsam verlangen. So heißt es in 2 Moses 23: »Siehe, ich sende einen Engel vor dir her, dass er dich auf dem Wege behüte und dich bringe an den Ort, den ich bestimmt habe. Nimm dich in Acht vor ihm, und höre auf seine Einflüsterungen, widerstrebe ihm nicht, denn er würde ein Vergehen von euch nicht ertragen, weil mein Name in ihm ist. Wenn du aber genau auf seine Einflüsterungen hörst und alle meine Worte befolgst, so will ich deine Feinde befehden und deine Bedränger in Drangsal bringen.«

### Transzendente Götter und der Wunsch nach Menschennähe – die englischen Boten

In unserer abendländischen Kultur sind Engel in der jüdisch/christlichen Religion verankert. Befreit man sie vom Ballast der dogmatischen Glaubenslehre und ihren spitzfindigen Fragen, so sind sie zunächst Mittler zwischen den Menschen und dem Göttlichen.

Es ist ein interessantes Phänomen, dass gerade Religionen, die auf dem Glauben an einen transzendenten Gott beruhen, diese Mittler benötigen. Ein ferner Gott, von dem man sich kein Bildnis machen darf, eine namenlose Intelligenz, auf deren komplexen Gedanken die gesamte Schöpfung beruht, diese Vorstellung setzt ein hochgradig abstraktes Denken voraus. Es ist dem menschlichen Verstand und Gefühl nicht sonderlich einleuchtend, dass eine solch göttliche Idee Anteil an unseren kleinen und großen Nöten hat und sich um das Schicksal Einzelner kümmert, selbst wenn das Wesen dieses Gottes Liebe ist.

***»Angelos«, der Ursprung des Wortes »Engel«, stammt aus dem Griechischen und bedeutet »Bote«. Viele unserer heutigen Namen basieren auf diesem Wort: Angelika, Angelo, Engelbert.***

Engel, die Boten dieses hohen göttlichen Gedankens, schlagen eine Brücke zu ihm – von Engeln kann man sich ein Bild machen, auch wenn es in einigen Traditionen ein kaum zu ertragen machtvolles ist und in anderen ein ebenso kaum erträglich kitschiges. Engel dürfen so erscheinen, wie wir sie uns wünschen, wie wir sie benötigen. Aus diesem Grund gibt es auch mannigfaltige und sehr unterschiedliche Darstellungen in der Kunst und der Literatur. Von den strengen, mit flammenden Schwertern bewaffneten Streitern Gottes über die gütigen Künder froher Botschaften bis hin zu den fröhlichen Gruppen von Engelmusikanten ist alles vertreten.

## Mittelalterliche Engelhierarchien und Volksglaube

Auch das politisch-kulturelle Weltbild zeigt sich in der Vorstellung von Engeln. Insbesondere in der feudalen Zeit des Mittelalters, als die Sozialordnung noch streng hierarchisch war, haben sich ganze Philosophien darüber herausgebildet, welche »Kompetenzstufen« die Engel einnehmen. Einen biblischen Ursprung haben diese sophistischen Ausführungen jedoch nicht. Gelehrte und Mystiker haben sich mit ihnen befasst, aber in den Volksglauben sind sie nicht so recht übernommen worden.

Hier hat sich ein anderes Engelbild entwickelt, das viel konkreter den Bedürfnissen des Einzelnen entgegenkam. Der Wunsch, von einer göttlichen Führung geleitet, beschützt und getröstet zu werden, Rat und Hilfe in Situationen der Angst und Not zu erhalten, vom Licht der Liebe und der Heiterkeit berührt zu werden, haben den Engeln eine weniger über-

mächtige Gestalt verliehen. Lächelnde Putten verbreiten Fröhlichkeit und manchmal sogar ein bisschen Spitzbüberei, auf Gräbern erheben gütige Führer ihre steinernen Schwingen, frohlockende Weihnachtsengel verbreiten die Nachricht von der Erlösung, und nicht zuletzt kümmert sich der wachsame Schutzengel darum, Gefahren abzuwenden und Schutzbedürftigen zu Hilfe zu eilen.

***Als Abbild der Gesellschaft stellte man sich eine Gliederung in neun Engelschöre vor, die Throne, die Cherubim, die Seraphim, die Herrschaften und Fürstentümer, die Gewalten, die Engel, die Erzengel und die Tugenden.***

## Englische Basiskräfte

Es mag jetzt so erscheinen, als ob Engel eigentlich nur eine menschliche Erfindung seien und teilweise knapp an der Grenze zum Aberglauben liegen. Doch auch wenn man das physische Vorhandensein eines lichtvoll schimmernden Flügelwesens bezweifeln kann, so ist doch das Prinzip, das hinter diesem Bild steht, so alt wie die Menschheit und vielleicht sogar älter. Es ist die Idee, dass es Kräfte gibt, die auf unser Leben einwirken, ohne dass wir uns dies mit dem Verstand alleine erklären können. Die wahren Boten des Göttlichen sind die Energien und Schwingungen, in die wir eingebunden sind, die das Gewebe des Lebens darstellen, die den Dingen die Form geben und den Lauf der Ereignisse bestimmen. Es gibt einen sehr alten und einen recht neuen Erklärungs- und Beschreibungsversuch für diese Kräfte.

## Die Erzengel der Kabbala

Eine Erklärung für die wirkenden, doch unsichtbaren Kräfte stammt aus dem jüdischen Kulturkreis. Es ist eine äußerst vielschichtige und komplexe Darstellung, von der hier nur ein – die Erzengel betreffender – Ausschnitt wiedergegeben werden soll. Der Lebensbaum der Kabbala besteht aus zehn aufeinander folgenden Stufen, die *Sphären* oder *Sephirot* genannt werden. Jeder Stufe ist eine bestimmte Eigenschaft zugeordnet, und sie sind alle sozusagen Energiepotenziale, die sich auf die eine oder andere Weise in unserem Leben bemerkbar machen und nutzbar gemacht werden können, wenn man sich in diesem System auskennt.

### Die zehn Sphären

***Gedanken und Gefühle, Willen und Wissen sind zwar nicht messbar, aber ihre Auswirkungen sind ständig zu spüren.***

In der ersten Sphäre ruhen alle Möglichkeiten der Schöpfung. Sie entspricht dem *göttlichen Prinzip*. Der Erzengel, der zu ihr gehört, ist Metatron, der Engel nahe dem Thron Gottes, und erscheint als eine Säule höchster farbloser Brillanz, das reine Licht.

In der Sphäre der *Weisheit* herrscht der Erzengel Raziel, der von Gott ausgesandt ist und der sich als graue Säule zeigt, durch die die Geheimnisse der Schöpfung herabströmen.

Der Erzengel der Sphäre des *Verständnisses* ist Zaphkiel, das Auge Gottes. Er ist die Kraft, die man braucht, um dem Schicksal in die Augen zu sehen, und stellt sich dar als eine schwarze Säule.

Zu der Sphäre der *Gnade* gehört der Erzengel Zadkiel, das Wohlwollen. In ihm ruht die Kraft der Barmherzigkeit, und er wird als königsblaue Säule visualisiert.

Zur Sphäre der *Strenge* gehört der Erzengel Kamael, das Schwert Gottes. Mut und Energie ist das Prinzip dieser Sphäre, und der Erzengel erscheint als flammendrote Säule.
In der Sphäre der *Schönheit und Harmonie* herrscht Michael, der Fürst des Lichtes. Dieser Erzengel hilft in Gefahr und Not. Seine Farbe ist Sonnengelb.
Der Erzengel der Sphäre des *Wachstums* ist Haniel, die Verkörperung des lebendigen Gottes. In ihm liegt die Erkenntnis über die Zusammenhänge der Welt. Er erscheint als smaragdgrüne Säule mit einer rosa Spitze.

Die Sphäre der *Ordnung* repräsentiert der Erzengel Raphael, der Heiler Gottes, der über die Kraft der Heilung verfügt. Seine Farbe ist Orange.
Die Sphäre des *Unbewussten* ist das Fundament, auf dem alles aufbaut. Mit dem Erzengel Gabriel, »der Starke aus Gott«, kann man mit dem Unbewussten in Verbindung treten. Er erscheint als lila Säule mit Silberflimmer.
Schließlich ist die Sphäre des *Materiellen* diejenige, die in der Erde wurzelt, und ihr Erzengel ist Uriel, das Licht Gottes, der als Offenbarer von Geheimnissen wirkt. Seine Farbe ist Braun. In dieser Sphäre sind auch die Schutzengel angesiedelt.

## Über die Wirkungsweise der Kräfte

Wem die kabbalistische Aufstellung beim Überfliegen zu kompliziert erscheint oder auch zu »abgehoben«, der sollte doch darüber nachdenken, welche Auswirkungen die genannten Kräfte haben. Zwar kann man Schönheit oder Gnade nicht mit physikalischen Maßeinheiten bestimmen, Weisheit nicht wiegen, Verständnis nicht ausloten, und trotzdem sind es bestimmende Kräfte im Leben – im Großen wie im Kleinen. Ein Akt der Gnade kann den Lebensweg eines Menschen verändern, ein Akt des ganz handfesten Aufräumens kann auch innere Ordnung schaffen. Jeder hat eine ganze Reihe solcher Erfahrungen, und all diese Ereignisse könnte man als das Wirken der Engel ansehen.

## Das Unnennbare Kindern vermitteln – Engelbilder

Es ist schon nicht ganz einfach, Erwachsenen das »Engelkonzept« zu vermitteln, Kindern solche Wirkungsprinzipien wie

Gnade, Wachstum, Strenge und Ordnung deutlich zu machen, ist mit Theoriediskussionen kaum möglich. Sich Erzengel als in farbigem Licht leuchtende Säulen zu visualisieren, ist für Kinder nicht geeignet, sondern für Menschen, die einige Übung darin haben und über diese machtvollen Strahlenerscheinungen die zugehörigen Energien aktivieren können.
Kinder leben in Bilderwelten, und sowohl verbale Bilder als auch Filme, Fotos und Gemälde sprechen das Unbewusste an. Darum können Geschichten und Märchen, aber auch Gedichte und Lieder viel bewegen. Gleichnisse und Symbole werden und wurden von »Lehrern der Menschheit« verwendet, um das Unnennbare verständlich zu machen. Sie sind Lehrer Ihrer Kinder, vermitteln Sie ihnen, dass:

- ★ *Engel beschützen, helfen und trösten (Gnade)*
- ★ *Engel zum ethischen Handeln anleiten (Strenge)*
- ★ *Engel Optimismus und Heiterkeit vermitteln (Schönheit und Harmonie)*
- ★ *Engel die Heilkräfte unterstützen (Ordnung)*
- ★ *Engel die Augen für die Wunder des Lebens öffnen (Verständnis)*
- ★ *Engel inspirieren und die Kreativität wecken (Wachstum)*
- ★ *Engel das Vertrauen in den Sinn des Lebens vermitteln (Weisheit)*

## Risiken und Nebenwirkungen

***Man kann Kinder nicht von einer Realität fernhalten, in der auch die dunklen Kräfte regieren, aber man kann versuchen, den Eindrücken entgegenzuwirken, statt sie zu unterstützen.***

Die Welt ist nicht nur licht und hell, es gibt auch Schatten. Jede Kraft kann positiv oder negativ wirken, wo Schönes ist, gibt es auch Hässliches, wo Ordnung ist, gibt es auch Unordnung und Chaos, wo Wachstum ist, gibt es auch Sterben. Wo Engel sind, gibt es auch Dämonen. Angst heißen sie, Zweifel und Misstrauen, aber auch Minderwertigkeitsgefühle, Scham oder Gewalttätigkeit. Diese Dämonen nehmen den gleichen Weg wie die Engel in das Unbewusste der Kinder: durch Bilder, die Gefühle wecken. Man sollte ein kritisches Auge haben auf die Fernsehsendungen und Videospiele, die den Kindern zur Verfügung stehen, auf die Bücher und Zeitschriften, zu denen sie Zugriff haben. Damit ist keine strenge Zensur gemeint, sondern eine Hilfestellung zum bewussten Umgang mit diesen Dingen.

## Schutzengel – die persönlichen Engelbilder

*Vergleiche und Metaphern enthalten ein Wissen, das nicht mit dem Verstand erfasst werden kann, sondern sich über Gefühle und Intuition transportiert.*

Anfang des 20. Jahrhunderts kam eine neue – und eigentlich uralte – Wissenschaft zur Blüte: die Psychologie. Der große Verdienst ihrer Vorkämpfer war es, dass sie sich den Beweggründen der Menschen annahmen, die sich hinter ihren manchmal seltsamen und rational unverständlichen Handlungen verbarg. Psychisches, seelisches Leid kann zu körperlichen Symptomen, zu irrationalen Ängsten und auch zu Gewalttätigkeiten gegen sich selbst und andere führen, es gibt Krankheiten, die mit dem Stethoskop nicht diagnostiziert und mit dem Skalpell nicht beseitigt werden können. Krankheiten der Seele werden anders geheilt.
Es gibt eine Reihe von unterschiedlichen Denkrichtungen in der Schule der Psychologie. Für uns sind jedoch vor allem die Erkenntnisse von C.G. Jung und seinen Nachfolgern von Interesse, denn er hat sich vor allem der inneren Bilder, ihrer Herkunft und Wirkungsweise angenommen.

### Traumgefährten sind oft archetypische Figuren

Die Welt des Unbewussten enthält Erfahrungen, Erinnerungen, neue Ideen und Konzepte und schließlich auch das Erbe vergangener Generationen, die als wirkende Kräfte in das gegenwärtige Leben des Einzelnen eingreifen können.
Nicht immer ist klar, was sie bewirken, ob sie Angst erzeugen oder Vertrauen wecken, zu Zwängen führen oder Inspiration sind. Die Welt der Archetypen, der Urbilder, ist es, mit der wir es dann zu tun haben, und hier sind beispielsweise der gütige König, die nährende Mutter, die weise Alte oder der junge Held angesiedelt, Gestalten, die in allen Mythen und Märchen der Welt wiederzufinden sind. Es sind Bilder, die aus dem Unbewussten aufsteigen und sich in Träumen und tiefen Entspannungszuständen vor dem inneren Auge zeigen. Man kann mit ihnen kommunizieren, sie um Rat fragen, mit ihnen diskutieren oder sie verscheuchen. Kinder tun das oft, mühelos und ohne dazu besondere Techniken anzuwenden, wie Erwachsene sie später wieder lernen müssen. Aus Phantasien haben sie ihre Traumgefährten und Spielkameraden, die sie begleiten und mit denen sie ihre Geheimnisse teilen.

## Innere Bilder sind selbst erschaffen

Ein Teil der Archetypen sind universell der ganzen Menschheit zu Eigen, einige andere werden aus dem persönlichen Erfahrungsschatz gebildet. Das Mutter-Urbild ist das erste, das ein Kind erwirbt. Es ist verbunden mit dem Gefühl, versorgt zu sein, behütet und genährt zu werden, eingesponnen zu sein in einen warmen Kokon von Liebe, Licht und Schutz. Auf diese Erinnerung wird man später mehr oder weniger bewusst zurückgreifen können, wenn man sie benötigt.

*Ein Buch, das die inneren Welten eines Kindes sehr feinfühlig darstellt, ist die »Unendliche Geschichte« von Michael Ende, dessen Held durch das Land Phantásien reist.*

Aber zurück zu den Schutzengeln. Der Beschützer und Führer ist einer der universellsten Archetypen, deshalb sind Schutzengel im gemeinsamen Unbewussten der Menschen verankert. In welcher Gestalt dieser Archetyp allerdings auftritt, ist persönlich geprägt, und seine Wirksamkeit hängt davon ab, ob man ihm zu vertrauen gelernt hat.

So wie man die inneren Bilder aus dem Unbewussten hervorrufen kann, so kann auch der umgekehrte Weg begangen werden. Trifft man im Tagesbewusstsein auf derartige archetypische Gestalten – reale Menschen oder fiktive Figuren aus Geschichten, Romanen und Filmen –, ist man meist stark berührt davon, denn sie sprechen Erinnerungen und Gefühle an. Man kann diese Bilder in das Unbewusste zurücksenden, etwa um ihnen eine neue Gestalt und damit Wirkungsweise zu geben. Da in Märchen und Phantasiegeschichten diese Gestalten auftreten, sind sie eine wunderbare Quelle für die Bereicherung des Unbewussten.

## Zufall, Wunder und die Kraft in uns selbst begreifen

Diese Beschreibung könnte den Eindruck hinterlassen, dass man Archetypen wie Tabletten einnehmen kann, um dann nach einer gewissen Zeit eine garantierte Wirkung zu verspüren. Aber so einfach arbeitet die Seele nicht, dafür ist sie zu komplex. Andererseits bewirkt die Arbeit mit archetypischen Kräften durchaus etwas, doch ihre Auswirkungen sind oft das, was wir gemeinhin Zufall oder Wunder nennen. Man findet plötzlich etwas Verlorenes wieder, das Erinnerungen wachruft, man begegnet einem lang vermissten Freund, man hört einen Gesprächsfetzen, der einem Antwort auf eine Frage gibt, man verfährt sich und steht mit einem Mal vor dem Haus seiner

Träume. Der innere Führer, der Schutzengel, wirkt. Ob das nun an der geschärften eigenen Aufmerksamkeit liegt oder ein Einwirken von außen ist, das Aktivieren unsichtbarer Kräfte – wir wissen es nicht. Aber je mehr man darauf vertraut, desto häufiger geschehen Wunder.

*Wenn Sie Ihrem Kind das Vertrauen in den es begleitenden Engel vermitteln wollen, dann gewinnen Sie mehr an Glaubwürdigkeit, wenn Sie selbst persönliche Erfahrungen mit der Wirkungsweise innerer Kräfte gemacht haben.*

## Der Schutzengel kann viele Gestalten annehmen

Wer nicht schon einen Schutzengel hat, sollte es ruhig einmal mit einem solchen Führer ausprobieren. Schutzengel sind nicht nur etwas für Kinder. Wenn, aus welchem Grund auch immer, die »Engel«-Gestalt mit Flügeln und Heiligenschein nicht positiv besetzt ist, dann darf der innere Führer selbstredend jede für Sie passende Figur sein, gleichgültig ob Mensch, Tier, Baum oder Stein. In den folgenden Geschichten werden zwar Engel und Schutzengel »in persona« auftreten, doch auch so, dass sie auf den ersten Blick nicht als »Engel« zu erkennen sind. Weise alte Frauen, treue Katzen und Hunde oder einfach die innere Stimme übernehmen diese Aufgaben genauso gut.

## Kindsein ist kein Kinderspiel

Kinder haben einen komplizierten Weg vor sich – sie müssen erwachsen werden. Dieser Weg ist alles andere als gemütlich und häufig mit Abschiednehmen verbunden. Jede neue Erkenntnis ist auch ein Verlust. Doch es führt kein Weg zurück, sondern nur voran. Nicht immer können ihnen Erwachsene über die Schwellen helfen. Die vertrauten Bilder, die Erinnerungen an die Geborgenheit und die Träume mit ihren phantastischen Gestalten können es. Sie sind die inneren Begleiter, und sie können die Form des Schutzengels oder Engels annehmen.
Sie werden nicht immer bei Ihren Kindern bleiben, das ist nicht die Art der Engel. Irgendwann hat der junge Mensch eine weitere Stufe erreicht, in der Weihnachtsmänner, Nikoläuse, Christkinder und ihr Engelgefolge als unrealistisch eingeordnet werden. Aber wenn eine neue Schwelle der Entwicklung erreicht wird, dann tauchen die Engel – in anderer Form sicher – wieder auf und können Ansprechpartner, Helfer und Führer sein in Zeiten der inneren Zerrissenheit. Aus diesem Grund sagt man, dass der persönliche Engel alle sieben Jahre von einem anderen abgelöst wird.

## Wo tanzen Elfen in mondheller Nacht?

Die Frage ist sehr einfach zu beantworten: Dort, wo das Gras in seltsamen Kreisen grüner wächst als an anderen Stellen, wo Eingänge zu uralten Hügelgräbern liegen, wo silbrige Bächlein aus den moosigen Quellen springen, da tanzen die Elfen in mondheller Nacht. Auch sie haben ein wenig Vergnügen und Freizeit verdient, denn zu anderen Zeiten wachen sie über Blumen und Bäume, über die wilden Tiere und die zahmen, sie hüten die Kristalle und Metalle der Erde, die Feuer aus Blitz und Vulkan und die gewaltigen Kräfte der Wasser.

### Naturgeister und Elementarwesen wirken leise

Bevor sich die Vorstellung eines transzendenten, fernen Schöpfergottes verbreitete, war das Göttliche allgegenwärtig und in allem enthalten. Unseren Vorfahren erschien eine von geistigen Kräften belebte Natur ganz selbstverständlich, die Götter bestimmten das Wetter, die Fruchtbarkeit der Felder, sie lebten im Geist der Tiere, in den heiligen Hainen und an den heiligen Quellen. Je mehr aber die Gesetze der Natur verstanden wurden, desto höher entwickelten sich die Götter. Doch es blieben die Naturgeister, die Elementarwesen, und wurden zu Elfen und Feen, zu Trollen und Gnomen, zu Zwergen und Nixen, Sylphen und Salamandern. Der Volksglaube hat sie liebevoll bewahrt, und so tauchen sie in den Märchen und bis heute in der Fantasyliteratur immer wieder auf.

***In einer von geistigen Wesen beseelten Natur manifestiert sich die immanente Gottheit. Lange verächtlich als »Heidentum« abgetan, gewinnt diese Vorstellung heute wieder an Bedeutung.***

### Elfen und Feen sind unser Kulturerbe

In den von Germanen und Kelten bewohnten Gebieten, die weder von den Römern erobert noch von den Christen radikal missioniert worden sind, hat sich Feenglaube bis in die heutige Zeit gehalten und damit verbunden vielerlei Brauchtum. In den skandinavischen Ländern werden die Elfenpfade noch respektiert, und ihre Behausungen dürfen nicht zerstört werden. Man achtet beispielsweise beim Straßenbau darauf. In den keltischen Ländern werden an Brunnen und Quellen Blumen hinterlegt, man stellt nachts Schälchen mit Milch für die Elfen vor die Türe, und aufsteigende Staubwirbel werden als wandernde Feen begrüßt.

In den alten magischen Traditionen haben sich Zauberkundige die Elementargeister von Feuer, Wasser, Erde und Luft nutzbar gemacht, und noch Goethes Faust beschwört sie:

»Salamander soll glühen,
Undene sich winden,
Sylphe verschwinden,
Kobold sich mühen.
Wer sie nicht kennte, die Elemente,
ihre Kraft und Eigenschaft,
wäre kein Meister über die Geister!«

Eine Renaissance erleben die Naturgeister in den derzeitigen esoterischen Lehren. Hier nehmen sie das orientalische Gewand der Devas an und sind die Hüter der Wild-, Zier- und Nutzpflanzen.

## Die vier Elemente bestimmen unser Leben

***In der Geomantie, der Lehre von den geheimen Kräften der Erde, stellt man sich die Elementargeister als Landschaftshüter vor.***

Die uralte Lehre von den vier Elementen gewinnt heute eine ganz neue Dimension, zum Beispiel unter dem Umweltgedanken: Abgase und gasförmige Chemikalien verschmutzen die *Luft* und beeinflussen die Ozonschicht. Chemikalienbelastete Abwässer, Öl und Abfälle verseuchen Flüsse, Seen und das Meer-*Wasser*. Monokulturen und Raubbau haben die Versteppung fruchtbarer Landschaften zur Folge *(Erde)*. Ein gigantischer Energieverbrauch – letztlich Missbrauch des *Feuers* – verändert das Klima.
Naturkatastrophen liegen ebenfalls die vier Elemente zugrunde: Wirbelstürme und Orkane *(Luft)* wüten immer häufiger und heftiger, Überschwemmungen und gewaltige Regenfälle *(Wasser)* richten zahllose Zerstörungen an. Erdrutsche und Erdbeben fordern in dicht besiedelten Gebieten unzählige Opfer *(Erde)*. Waldbrände, brennende Ölfelder und Kohleflöze, Vulkanausbrüche *(Feuer)* – und auch die vom Menschen ausgelösten Unfälle mit dem atomaren Feuer – verursachen immense Schäden auf dem ganzen Planeten.
Feuer, Wasser, Erde und Luft – der Mensch hat versucht, sie zu erobern, sie für sich nutzbar zu machen, sie zu bändigen. Er übersieht dabei manchmal, dass die Kräfte, die in den Elemen-

ten wohnen, größer sind, als er ahnt. Das gezähmte Feuer in der Glühbirne ist beispielsweise so selbstverständlich, dass man die ungezähmte Gewalt einer Feuersbrunst leicht vergisst.

Der Mensch sollte den vier Elementen mehr Achtung und Respekt entgegenbringen, und dabei ist die alte Methode, sie zu personifizieren, ausgesprochen hilfreich. Die Elementargeister aber sind die Elfen, und die Gedanken zum Umweltschutz werden unter dieser Betrachtungsweise erheblich griffiger. Der persönliche Bezug zu Lebewesen anderer Art, seien es Pflanzen oder Tiere oder die Erde selbst, lässt viele Aktionen in einem völlig anderen Licht erscheinen. Man misshandelt nicht, wen man achtet, man beutet nicht aus, wer einen versorgt, und man tötet nicht, was man liebt.

## Elbische Basiskräfte – die Wirkung der vier Elemente

Genau wie Engel haben auch Elfen die Fähigkeit, den Menschen so zu erscheinen, wie er es wünscht – oder befürchtet. Denn Elfen sind die Hüter anderer Lebewesen als der Menschen, und sie können, anders als die Engel und Schutzengel, durchaus auch strafend auftreten oder gar üblen Schabernack treiben, wenn man ihre Schützlinge oder sie selbst missachtet. Die verschiedenen Lehren über Elfen und Feen muss man auch nur ihrer wunderlichen Schnörkel entkleiden, und dann kommt man wieder auf die Ebene der archetypischen Bilder. Und gerade sie sind es, die sich Kinder besonders gut vorstellen können. Vielleicht, weil sie sich aus ihrer Traumzeit noch an sie erinnern. Es gibt die Wesen der Luft, die Sylphen mit ihren Libellen- oder Schmetterlingsflügeln, die im Wind tanzen und auf dem Sturm reiten. Es gibt die Feuerelfen (feurige Salamander), die in den Flammen tanzen, es gibt die Nixen und Undinen, Nymphen und Wassermänner, die in Strudeln tanzen und in den Wellen spielen, und es gibt die ganze Bandbreite der Erdgeister, die Trolle und Gnome, Zwerge und Dryaden, die alles betreuen, was auf der Erde und in der Erde wächst.

***Wie auch bei den Engeln existiert eine ganze Wissenschaft zu den Elfen. Es gibt Arbeitsteilung und Hierarchien, Befugnisse und Zuständigkeiten.***

## Den Elfen begegnen

Dass man zu Tieren ein beinahe telepathisches Verhältnis haben kann, weiß vielleicht jeder aus eigener Erfahrung. Zu Pflanzen kann man so ein Gefühl ebenfalls entwickeln: Mit Bäumen kann man sprechen und von ihnen getröstet werden, Menschen mit einem »grünen Daumen« erzielen selbst bei todgeweihten Topfpflanzen noch ungeahnte Wachstumserfolge, und an stillen Quellen kann man lauschend seine Inspiration finden. Den besonderen Reiz eines offenen Feuers, eines Lagerfeuers oder eines Kaminfeuers, kann man dann besonders stark spüren, wenn man gedankenverloren in die Flammen schaut, seltsame Gesichter in der Glut erkennt und die vielgestaltigen Lichter verfolgt. Im Freien, ein wenig abseits der menschlichen Einflüsse wie Verkehr, Industrie und Getriebe, gibt es gerade zu den Dämmerstunden am Morgen oder Abend Zeichen aus der lebendigen Natur. Ihre Geister offenbaren sich in inneren Bildern, und wer ihnen begegnen will, muss das nur mit einem offenen Geist tun.

## Kindern die Achtung vor dem Leben vermitteln

Wie Kinder die Umwelt wahrnehmen, wovor sie Achtung empfinden und wie sie sie behandeln, das lernen sie von den Erwachsenen. Ob für sie die Natur ein Selbstbedienungsladen und eine Müllhalde ist, gefährlich, schmutzig, gesundheitsschädigend – oder ein Wunder der Schöpfung, in der jedes Wesen seine Berechtigung zum Leben hat, das liegt an der Einstellung, die ihre Eltern ihnen vermitteln. Ein Kind, das aus purer Zerstörungslust den Blumen die Köpfe abschlägt, kann man schon mit Strafpredigten das Unrechte dieser Handlung erklären, aber die verletzten Elfen und die weinenden Blütenfeen rühren vielleicht das Herz des kleinen Tunichtguts mehr an. Und manchmal sind es auch die Elfen selbst, die sich zur Wehr setzen, und dann beißt die Brennnessel, dann sticht die Wespe und kratzt die dornige Ranke.

Andererseits sind diese Wesen auch dankbar dafür, wenn man ihnen liebevoll begegnet. Ein Kind, das einem verletzten Tier hilft, das den Glockenblumen ein Liedchen summt und einem Marienkäfer zum Abflug auf der Fingerspitze Starthilfe gibt, das kann mit Wundern rechnen. Tiere werden zutraulich, lassen sich füttern und streicheln, ein dichter Holunderstrauch bewahrt die kleinen Geheimnisse, die man ihm verrät, eine Rose blüht nur für einen selbst unter dem Fenster, und der Regenbogen am wolkenschwarzen Himmel zeigt die Brücke, die in das zauberhafte Land der Elfen führt.

Die folgenden vier Eigenschaften wollen die Geschichten in diesem Buch zeigen:

- ★ *Elfen behüten Pflanzen und Tiere.*
- ★ *Elfen und Feen erfüllen demjenigen Wünsche, der ihnen hilft und sie respektiert.*
- ★ *Elfen leiten zum (umwelt-)bewussten Handeln an.*
- ★ *Elfen öffnen die Augen für das Wunder des Lebens.*

## Wie man das Buch lesen kann

Es gibt im Folgenden kürzere und längere Geschichten, die zum Vorlesen und Selberschmökern gedacht sind. Den Kindern, die gerne selbst lesen, nimmt sich mein Co-Autor Angelo an, ein schreibfreudiger Engel, der seinen jungen Lesern die Interpretation der Geschichten erleichtert.
Er hält auch Tipps und Ratschläge bereit, wie man das, was die Helden und Heldinnen erfahren, für sich selbst anwenden kann. Da gibt es kleine Anrufungen und Merksprüche zu den einzelnen Kapiteln und Engeladressen, an die man sich wenden kann, wenn man ihre Hilfe braucht.
Die Engel sollten aber nur bei einem triftigen Anlass angerufen werden, nur dann wirken die Bitten auch. Selbstsüchtige Wünsche oder gar solche, bei denen anderen Schaden zugefügt werden kann, erfüllen sie nicht. Danksagungen hören sie jederzeit gerne.

Wenn Sie Geschichten vorlesen, sollten Sie Angelos Vorwort dazu selbst kurz überfliegen, um die Fragen Ihrer Kinder in seinem Sinne zu beantworten. Aber natürlich bleibt es Ihnen überlassen, wenn Sie einen anderen Schwerpunkt setzen wollen. Angelo ist nicht dogmatisch!
Die Engel und Elfen in diesem Buch handeln und wirken in der heutigen Zeit, deshalb ist ihre Sprache auch angepasst – hin und wieder haben sie genauso kesse Sprüche auf der Lippe wie die Kinder, um die sie sich sorgen. Aber ein höheres Wesen, das ein Kind verblüfft, zum Lachen bringt, ihm damit näher kommt und es auf seiner Ebene anspricht, hat sicher mehr Chancen, gehört und verstanden zu werden als eines, das in »abgehobener« Weise zu ihm spricht. Im Übrigen kennt die Literatur da ein großes Vorbild, und das ist der Engel Aloisius, der auf seiner Wolke sitzt und frohlockt: »Luhja! – Sacklzementhahleluja – lujah, sag i – Mei Liaber: Lujah!!!« (Ludwig Thoma, »Ein Münchner im Himmel«)

# Engel aus allen Himmelsrichtungen

Angelo stellt die Engel der vier Himmelsrichtungen vor. Der Engel des Ostens schärft den Verstand, der Engel des Südens macht Mut, der Engel des Westens schenkt Ideen, und der Engel des Nordens unterstützt Beharrlichkeit und Geduld.

# Angelos viereckige Welt

Hallo, Kids, hier ist Angelo, der Engel mit der schnellen Feder. Obwohl, eigentlich schreibe ich ja nicht mehr mit Feder und Tinte, sondern ich brauche nur noch mit der Wolkenmaus zu klicken, und schon flimmert der Bildschirm. Sehr viel schonender für die Flügel, verrate ich euch. Denn früher musste ich mir doch wirklich hin und wieder eine Feder ausrupfen, wenn ich viel zu schreiben hatte.

Also, hier habe ich vier Geschichten für euch, in denen meine Freunde aus den vier Ecken der Erde eine Rolle spielen. Wie, ihr glaubt, die Erde hätte keine vier Ecken? Na gut, sie ist rund, aber wenn man ein Kreuz auf den Boden zeichnet, dann hat man die vier Himmelsrichtungen – sofern man es richtig herum zeichnet.

## Eine Himmelsrichtung für jeden Engel

Da ist zum Beispiel *Lernwas*, ein Engel des Ostens. Er ist dafür zuständig, dass ihr euren Verstand richtig gebraucht, und er hilft beim Lernen und Verstehen.
Im Süden strampelt sich *Machmut* ab, er hat eine ungeheure Energie und kann nur selten still sitzen. Wenn ihr ihn braucht, um stark zu werden, dann gibt er euch gerne davon ab.
Im Westen schwebt der Engel *Traumgesicht* über den Wassern der Welt und fischt aus den Tiefen die Traumperlen für die Menschen. Wer immer eine solche Perle findet, wird das Staunen wieder lernen.
Im Norden knotet der Engel *Wartmal* die vielen Geduldsfädchen unaufhörlich zusammen, die den Menschen ständig reißen. Eine Arbeit, die eine Engelsgeduld erfordert und um die ich ihn wirklich nicht beneide, denn ich habe den Eindruck, dass diese Fäden mit der Zeit immer dünner werden.
Jetzt lest erst einmal eine der vier Geschichten (oder auch alle), und später dann verrate ich euch noch, wie ihr selbst Hilfe von meinen vier Freunden *Machmut*, *Traumgesicht*, *Lernwas* und *Wartmal* erhalten könnt.

## Die Schummel-Petra

Es herrschte angespannte Ruhe im Klassenzimmer. Die meisten schrieben fleißig, hier und da wurde eine Stirne in nachdenkliche Falten gelegt, und bei Petras Nachbarin schaute sogar vor lauter Eifer ein Stück rosa Zungenspitze aus dem Mundwinkel. Petra schrieb auch fleißig, doch anders als ihre Klassenkameraden warf sie keine nachdenklichen Blicke in die Luft, sondern verstohlene Blicke auf ihren Spickzettel unter dem Tisch. Sie war Expertin im Schummeln. Gerade schrieb sie ein ganz besonders schwieriges Wort von ihrem Zettelchen ab, als es ihr aus den Fingern glitt und zu Boden flatterte. In diesem Augenblick legte ihr die Lehrerin die Hand auf die Schulter.

»Du kannst dein Heft abgeben und aus dem Klassenzimmer gehen, Petra. Diesen Zettel behalte ich!«

Petra hatte das Gefühl, als ob ihr die Ohren in Flammen stünden, und mit hochrotem Kopf schlich sie beschämt aus dem Raum. Sie vermeinte, eine leise Stimme zu hören, die flüsterte: »Oh, oh, oh! Pech gehabt, was?« Sie sah sich um, doch da war niemand. Sie schüttelte sich, grollte mit ihrem Schicksal, und schon bald wurde sie von einer schrecklichen Wut auf die Lehrerin erfasst. Was musste die auch immer so schwierige Aufgaben stellen. Kein Mensch konnte so etwas lösen!

Als Petra später nach Hause kam, fühlte sie sich schon wieder ganz im Recht. Lernen war eben ätzend. Aber die Aufgaben für den nächsten Tag mussten noch gemacht werden. Sie setzte sich also an ihren Schreibtisch, sah eine Weile durch das offene Fenster hinaus in den Sonnenschein, schlug missmutig das Mathebuch auf und überflog den Text. Die Aufgaben erschienen ihr viel zu kompliziert, und ohne groß über die Lösungen nachzudenken, holte sie Bettinas Heft aus der Tasche und blätterte die Seite mit den Ergebnissen auf. Bettina war eine prima Freundin, sie ließ Petra großzügig von ihren Heften abschreiben. Gerade als Petra fertig mit abschreiben war, wehte ein heftiger Windstoß die Gardine herein und fegte das Glas Kirschsaft um, das auf dem Schreibtisch stand. Blutrot ergoss sich der Inhalt über die eben abgeschriebene Seite und über Bettinas Heft!

»Nein, das darf nicht wahr sein!«, stöhnte Petra.

»Oh, oh, oh, schon wieder Pech gehabt!« Wieder war da eine leise Stimme, und Petra sah sich verwirrt um. Niemand außer ihr war im Zimmer.

»Und, Schummel-Petra? Jetzt bist du schuld daran, dass deine Freundin morgen ihre Aufgaben nicht abgeben kann!«

Petra hielt sich die Ohren zu, aber die Stimme war noch immer da.

»Was hältst du davon, wenn du die Aufgaben für sie noch einmal rechnest?«

»Das kann ich nicht, die sind viel zu schwer!«, sagte sie trotzig und riss wütend die nasse Seite aus ihrem Heft.

»Wieso kannst du das nicht? Du hast es ja noch nicht mal versucht!«

Um die innere Stimme zu überhören, stellte Petra Musik an, summte laut die Melodie mit und sah aus dem Fenster. Am eben noch sonnigen Frühlingshimmel versammelten sich graue Wolken, die die Sonne verdunkelten und mit Regen drohten.

»Oh, Mist, noch nicht einmal draußen spielen kann ich heute!«, maulte sie, als sie das Fenster zumachte.

»Du könntest dafür ja deine Aufgaben lösen«, flüsterte es vernehmlich über die laute Musik hinweg. »Komm, ich helfe dir dabei!«

Jetzt war Petra völlig verdutzt.

»Wer bist du?«

»Ich bin Lernwas, der Engel des Ostens«, war die kurze Antwort. »Und es ist ziemlich schwierig, mich loszuwerden, wenn ich einem Menschen helfen will!«

»Ach wirklich? Und wieso hab ich dann laufend so ein Pech? Erst fällt mir der Spickzettel runter, und ich werde erwischt, und jetzt sind die Hefte verdorben!«

»Na, irgendwie muss ich doch auf mich aufmerksam machen.«

»Du bist mir vielleicht ein Engel!« Petra stellte das Radio wieder ab und lauschte fasziniert auf die Antwort. Ein leises Kichern hüpfte durch ihren Kopf. Es war irgendwie ansteckend, und so kicherte Petra mit.
»Also, in Ordnung, ich versuch mal eine der Aufgaben auszurechnen.«
»Wunderbar, Petra!«
Erst war es mühsam, sich durch den Text zu beißen, und beinahe hätte sie wieder aufgegeben, wenn sich nicht ein Sonnenstrahl plötzlich über dem entscheidenden Satz gekringelt hätte. Mit einem Mal lachte sie auf: »Ja klar, so wird das gelöst. Ich muss ja nur die beiden Zahlen multiplizieren!«
Nachdem Petra erst einmal verstanden hatte, wie sie die Aufgaben anpacken musste, fielen ihr die anderen auf einmal ganz leicht. Sie war so in ihrem Eifer versunken, dass sie den komischen Engel beinahe vergessen hatte.
In den nächsten Tagen hatte sie, immer wenn sie sich zu den Hausaufgaben hinsetzte, das Gefühl, dass Lernwas ganz in ihrer Nähe war, auch wenn er nicht mehr mit ihr sprach. Dafür gab es immer häufiger kleine Zufälle. Mal schlug sich ein Buch genau auf der richtigen Seite auf, wo die Grammatikregeln standen, die sie brauchte, ein anderes Mal fiel ihr ein passender Merkspruch ein, der ihr weiterhalf, und einmal hörte sie sogar die Erklärung zu einer Aufgabe im Radio.
Aber dann sollte eine wichtige Mathearbeit geschrieben werden, und am Tag zuvor war Petra wieder emsig damit beschäftigt, in mikroskopisch kleinen Buchstaben einen Spickzettel zu beschriften, der in ihrem Pulloverärmel Platz haben sollte. Sie war gerade damit fertig geworden, als die schon bekannte Stimme leise sagte: »Den brauchst du doch gar nicht mehr, Petra!«
»Oh doch, Lernwas. Und diesmal passt du besser auf, dass ich nicht erwischt werde!«
»Wenn du nicht schummelst, brauchst du dir darum keine Sorgen zu machen!«, antwortete es ein wenig streng.
»Aber ich hab solche Angst vor den Klassenarbeiten. Die Aufgaben sind immer so schwer.«
»Sie sind auch nicht schwerer als deine Hausaufgaben. Die hast du doch jetzt auch immer ganz alleine gelöst.«

»Ja ... aber dabei hast du mir doch geholfen ...«, meinte Petra und umklammerte ihren Spickzettel.
»Meinst du? Ich denke, du hast das schon selbst geschafft. Aber wenn du glaubst, dass du Hilfe bei deiner Arbeit morgen brauchst, dann achte mal auf ein Zeichen von mir!«
Am nächsten Tag saß Petra über ihr Heft gebeugt und nagte am Bleistift. Sie fühlte sich nicht wohl ohne ihre Spickzettel, und die Aufgaben schienen ihr erdrückend schwierig zu sein. Ohne recht zu wissen, womit sie anfangen sollte, malte sie ein paar Kritzel auf die karierte Seite. Dann schaute sie wieder entmutigt aus dem Fenster.
Es war ein schöner, hellblauer Morgen, und über den hohen Bergen im Osten ging die Sonne auf. Ein paar weiße Wolken bauschten sich über den Gipfeln. Langsam zogen sie höher und höher und formten sich zu einem seltsamen Gebilde. Sie türmten sich auf wie zu einer Gestalt in wallendem Gewand aus silbrigem Stoff und bekamen weit ausgebreitete Flügel. Das Sonnenlicht ließ den Wolkenengel weiß aufleuchten, und Petra fühlte sich plötzlich ganz leicht. Sie atmete tief ein, sagte ein leises Dankeschön an ihren Engel und löste dann sorgfältig eine Aufgabe nach der anderen.
Ihre Freude war unbeschreiblich, als sie zwei Tage später erfuhr, dass sie eine der besten Arbeiten geschrieben hatte, und eine helle, sehr bekannte Stimme in ihr sagte: »Ich bin stolz auf dich, Petra!«

## Das Angsthäschen

»Flori ist ein Angsthase, Flori mit der roten Nase, dich holt gleich der Osterhase!«, sangen die drei Kinder und lachten dabei. Der dunkelbraune Boxer wedelte mit seinem Stummelschwanz und sagte leise: »Wuff!« dazu. Florian drückte sich noch etwas tiefer in die Ecke hinter dem Zaun. Seine Nase war tatsächlich rot, und aus seinen Augen kullerten dicke Tränen. Aber er hatte wirklich Angst vor Domeniks großem Hund. Der sah ihn immer so böse an und hatte sogar schon mal versucht, ihm mit seiner großen, nassen Zunge über das Gesicht zu lecken. Also versteckte er sich lieber, wenn Rocky auftauchte. Und jetzt musste er sich auch noch gefallen lassen, dass er ausgelacht und gehänselt wurde. Schließlich aber wurde es den Kindern zu langweilig, sie rannten alle lachend davon, den Ball munter vor sich herkickend, und Flori kroch aus seinem Versteck heraus.

Der Nachmittag war schön, die Wiesen grün, die Vögel sangen, aber es war einsam im Garten. Flori saß verloren auf der Bank und ließ die Beine baumeln. Wie viel lieber hätte er mit seinen Freunden Ball gespielt oder Verstecken, anstatt hier herumzusitzen und Trübsal zu blasen.

Aber so war es immer wieder, er war schrecklich ängstlich, weil er sich immer gleich die allerschlimmsten Sachen vorstellte, und dann verließ ihn regelmäßig jeder Mut. Wenn er vor der Klasse ein Gedicht aufsagen sollte, dann war er sicher, dass er sich verhaspeln würde, und er bekam eine so enge Kehle, dass er kaum schlucken, geschweige denn sprechen konnte. Wenn er fremden Leuten begegnete, dann meinte er immer, dass ihre Blicke ihn durchbohrten, und er versteckte sich vor ihnen. Wenn sich eine Spinne über seinem Bett abseilte, dann fühlte er schon ihre ekelig krabbeligen Füße über seine Arme laufen. Und der Hund, so dachte er, der hätte ihm glatt die Nase abbeißen können.

So saß er also unglücklich im Sonnenschein und war mit sich selbst nicht gut Freund, als es plötzlich in dem alten, knorrigen Kirschbaum rauschte und knackste und ein Schauer roter Früchte herunterprasselte. Erschrocken sprang Flori auf und starrte nach oben.

»So ein Mist aber auch«, klang es empört von oben.
Flori wollte schon weglaufen, aber irgendwie faszinierte ihn, was jetzt geschah. Es schimmerte weiß zwischen den Zweigen. Sollte da ein sprechender, weißer Papagei im Geäst gelandet sein? Vor Vögeln zumindest hatte Flori keine Angst. Er hatte sogar schon ein paarmal ganz kleine, die aus dem Nest gefallen waren, liebevoll wieder zurückgelegt. Das hier allerdings schien ein recht großer Vogel zu sein und ein sehr wortreicher dazu. Er schimpfte nämlich unablässig vor sich hin.
»Hallo, du komischer Vogel!«, rief Flori und pfiff einen kleinen Triller.
»Vogel? Man könnte meinen, du hättest einen!«
Diese unerwartete Antwort versetzte Florian einen Schrecken. Er drehte sich bereits um und wollte weglaufen, als er hörte, wie es aus dem Kirschbaum klang: »Bitte, kannst du mir nicht helfen?«
Angst und Neugier kämpften miteinander, die Neugier siegte.
»Wer bist du?«, fragte Florian.
»Ich bin Machmut, und ich sitze hier auf dem dritten Ast fest. Irgendwas hat sich da verhakelt. Kannst du nicht hochklettern und mal nachsehen?«
Florian schaute zweifelnd die an den Stamm gelehnte Leiter an und schüttelte dann heftig den Kopf: »Auf den Baum klettern? Nein, da falle ich bestimmt runter und brech mir ein Bein.«
»Oh, bitte, Florian, du bist der Einzige, der mir helfen kann«, kam es flehentlich von oben, und eine Feder schwebte nach unten. Sie blieb auf Floris Ärmel liegen, und als er sie in die Hand nahm, da hatte er plötzlich ein ganz komisches Gefühl. So, als ob er vielleicht doch die Leiter hochsteigen könnte, ohne abzurutschen und sich weh zu tun. Vorsichtig setzte er einen Fuß auf die erste Sprosse und hielt sich fest. Die Leiter war sehr stabil und diente gewöhnlich dazu, die Kirschen von den oberen Zweigen zu pflücken. Langsam kletterte Flori Stückchen für Stückchen nach oben, ohne den Blick nach rechts und links oder gar nach oben oder unten zu werfen.

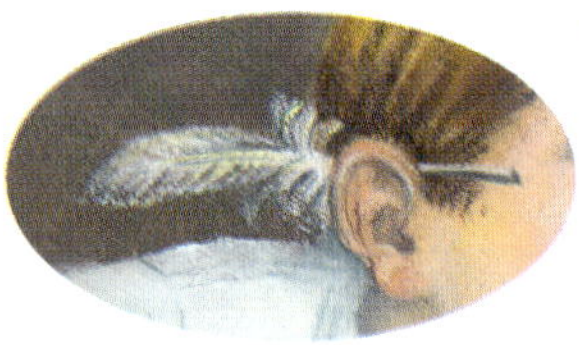

»Halt, nicht so weit! Hier bin ich schon!«, sagte es ganz nah an seinem Ohr, und Flori hielt an. Eine kleine, aber starke Hand griff nach ihm und hielt ihn fest. Das war auch nötig, denn als er das Wesen auf dem Ast ansah, wäre er beinahe doch die Lei-

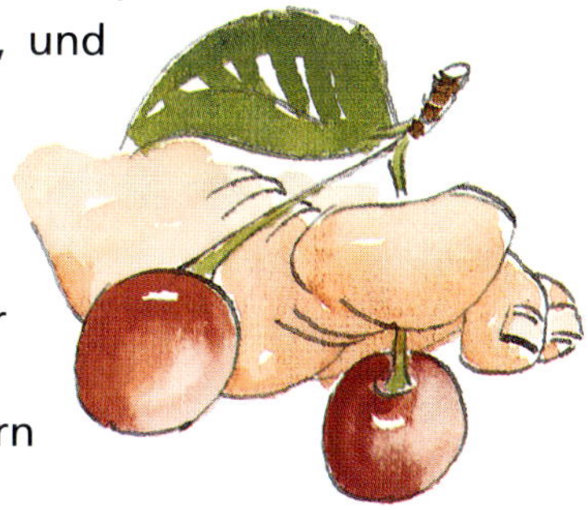

ter heruntergepurzelt. Es war nämlich ein leibhaftiger Engel, der da hockte. Er hatte dunkle Locken und ein lustiges, braun gebranntes Gesicht mit goldenen Augen. Sein weißes Gewand war etwas verrutscht und zeigte bloße braune Beine, und über dem großen Zeh baumelte ein Kirschenpärchen. Nachdem Flori sich von seinem Staunen erholt hatte, erkannte er sehr schnell, woher die missliche Lage des Engels kam. Einer seiner Flügel hatte sich so schlimm zwischen zwei Ästen verheddert, dass er sich mit eigener Kraft nicht befreien konnte.
»Kannst du mir diesen dummen Ast mal aus den Federn nehmen. Ich komm und komm nicht dran.«
»Ja, ja, natürlich.« Hilfsbereit zupfte und rupfte Flori an den Zweigen, wobei er aufpasste, ja keine Feder zu beschädigen. Aber ganz war das nicht möglich, einige reife Kirschen platzten bei seinen Bemühungen und hinterließen leuchtend rote Spritzer in dem weißen Gefieder.
»Macht nichts, ein Flug durch eine kräftige Regenwolke, und das ist wieder rausgewaschen!«, meinte Machmut, der Engel, und bewegte befreit seine Flügel. »Vielen Dank, Flori. Das war sehr mutig von dir. Nicht jeder steigt in einen Kirschbaum, um einen Engel zu befreien!«
Florian wurde ein bisschen rosig vor Stolz, und deshalb nahm er auch die Einladung an, sich eine Weile neben Machmut auf den Ast zu setzen.
»Wieso bist du eigentlich in diesem Kirschbaum gelandet. Ich hab geglaubt, Engel sind nur im Himmel«, fragte er, zwar noch mit schüchterner Stimme, aber weitaus kühner als sonst.
»Ja, manchmal. Aber ich habe Loopings geübt und dabei wohl die Richtung verloren. Darum bin ich in den Baum gerauscht, statt sachte neben dir zu landen«, sagte Machmut und grinste ein bisschen schuldbewusst.
Darüber musste Flori nachdenken. Die Vorstellung, dass ein Engel aus lauter Übermut Loopings flog, fand er lustig, aber dann war es der zweite Teil der Erklärung, die ihn fragen ließ: »Du wolltest zu mir?«
»Sicher, du brauchst mich doch, oder?«, antwortete Machmut.
»Ja ... Ich weiß nicht ... Wozu brauche ich dich?« Flori war sich nicht sicher, was er davon halten sollte.

»Wie heiße ich? Machmut heiße ich, oder?«, lächelte der Engel ihn an.
Florian begab sich auf eine verständliche, aber völlig falsche Fährte: »Oh, bist du ein moslemischer Engel? Ich habe einen Freund, der so ähnlich heißt. Ist etwas mit ihm?«
Machmut musste dermaßen lachen, dass der ganze Ast erzitterte. »Oh Flori, nein! Engel unterscheiden keine Religionen, wir sind für alle da. Ich bin der Engel, der Mut macht, und den brauchst du doch, oder? Wenn der faule, tapsige Rocky dich wieder beschnüffelt, wenn du ein Gedicht aufsagen oder Leute begrüßen oder eine Spinne fangen musst.«
Mit großen Augen nickte Florian. Es wäre schon toll, nicht immer das Angsthäschen zu sein.
»Siehst du, und jetzt warst du schon einmal mutig. Und wenn du zukünftig wieder Angst hast, dann nimmst du einfach diese Feder in die Hand und denkst an mich.« Machmut hielt Florian die weiße, flaumige, schimmernde Feder hin, die an seinem Jackenärmel hängen geblieben war.
Am nächsten Tag war Florians Freund Domenik sprachlos, als Flori ohne mit der Wimper zu zucken auf Rocky zuging und ihn hinter den Ohren kraulte. Sein Lehrer wollte seinen Augen nicht trauen, als Florian sich freiwillig zum Vorlesen meldete, und seine Eltern freuten sich darüber, dass er ihre Gäste so fröhlich begrüßte und sich nicht gleich in seinem Zimmer versteckte.
Machmuts Feder hat Florian lange Zeit behalten, aber er brauchte sie immer weniger, um Mut zu bekommen. Und eines Tages wird er sie sicher einem anderen Angsthäschen schenken, um ihm Mut zu machen.

## Traumgesicht und Zauberperle

Moni saß in der Ecke und hatte das Gefühl, dass ihr ganzer Körper voller fiesem, bitterem, beißendem Gift war. Sie fühlte sich so giftig, dass sogar der goldene Sonnenschein grün wurde. Denn Moni ärgerte sich. Lisa, ihre kleine Schwester – ein widerliches kleines Mädchen – hatte mit den Fingerfarben bunte Blumen auf die weiße Tapete im Wohnzimmer gemalt. Das wäre ja nicht so schlimm gewesen, wenn Mama nicht anschließend ihr, Moni, die Schuld daran gegeben hätte.
»Du bist schließlich ein großes, verständiges Mädchen. Ich dachte, ich könnte euch wenigstens einmal für eine halbe Stunde alleine lassen, ohne dass hier gleich eine solche Schweinerei passiert!«, hatte sie geschimpft.
Moni hatte aufbegehrt und gemault: »Immer muss ich auf Lisa aufpassen. Die ist doch noch so blöd! Kann ich was dafür, dass sie mit den Farben rumschmiert!«
Mama war sogar noch ein bisschen wütender geworden und mahnte: »Du hättest besser auf deine Farben aufpassen müssen. Und nenn deine Schwester nicht blöd! Du warst auch einmal so klein wie sie!«

Jetzt saß Lisa bei Mama im Zimmer und bekam eine Geschichte vorgelesen, während Moni alleine in ihrem Zimmer schmollte. Aber so ganz untätig konnte sie auf die Dauer doch nicht sitzen bleiben, denn da war noch etwas für die Schule zu machen. Ein Ferienbild sollte sie malen, und malen tat Moni für ihr Leben gerne. Sie nahm ihre Wasserfarben und den Zeichenblock, und schon kräuselten sich blaugrüne Wellen an einem goldgelben Strand, eine Schar weißer Vögel flatterte über den hellblauen Himmel, grünes Gras neigte anmutig seine Halme, und ein paar hübsch geformte Muscheln steckten im Sand.
Sehr zufrieden betrachtete Moni ihr Kunstwerk, und als sie zum Abendessen gerufen wurde, war sie wieder besser gelaunt. Sie hörte Lisa zu, die von der wundervollen Engelgeschichte plapperte, die sie vorhin gehört hatte.
Leider, leider aber passierte dann doch noch etwas viel Schlimmeres. Als nämlich Moni ihre Schulsachen für den nächsten Tag packte und noch einmal einen Blick auf das schöne Bild warf, da wollte sie ihren Augen nicht trauen. Ein quietschegrüner

Fingerpatschen befleckte den hellblauen Himmel, ein hässlicher roter Punkt rollte über den goldenen Strand, und die Sonne hatte noch scheußlichere lila Locken bekommen. Voller Zorn warf Moni den Block zu Boden und schrie Lisa an, die noch grüne Farbe an den Fingern und lila Farbe auf der Nase hatte und zerrte sie wütend an den Haaren. Das Geschrei war groß, und der ganze Zank endete damit, dass Moni ausgescholten und zu Bett geschickt wurde, ohne ihre Lieblingssendung sehen zu dürfen.

Das giftgrüne Gefühl nagte und nagte an Moni, als sie schlaflos in ihrem Bett lag, und sie schickte ihrer kleinen Schwester, die nebenan schon leise schnurchelnd schlief, ein paar rabenschwarze Gedanken.

Der volle, runde Mond stieg währenddessen über den Dächern auf und leuchtete in Monis Zimmer. Auch ihn starrte sie voller Groll und Bitterkeit an. Eine Herde von Federwolken zog am samtblauen Himmel vorüber, und als sie in die Nähe des Mondes kamen, glänzten sie silbrig auf. Eines der Wölkchen löste sich plötzlich aus der Herde und schien immer weiter nach unten zu kommen. Es glitt leuchtend und anmutig zu Monis Fenster hin, und ehe sie sich verblüfft die Augen reiben konnte, klopfte auch schon ein lächelnder Engel an die Fensterscheibe.

»Hallo, Moni! Lässt du mich rein?«, fragte er durch den Fensterspalt.

Moni wusste, dass Engel den Menschen nur Gutes wollen, und so schlüpfte sie in ihre Hausschuhe und öffnete das Fenster. Der Engel, er war ungefähr so groß wie Moni, schwang sich auf das Fensterbrett und strich sich das schimmernde Gewand glatt. Dann faltete er ordentlich die schönen, weißen Flügel zusammen und tupfte Moni mit einem Finger spielerisch auf die Nase. »Na, du hast aber eine dicke, dunkle Wolke um dich herumgewickelt, Moni. Die ist ja so finster, dass ich sie schon von oben gesehen habe.«

»Das ist eben so!«, antwortete Moni ein bisschen trotzig, denn sie erwartete schon die nächste Strafpredigt.

»Aber, aber«, meinte der Engel nur beruhigend und wackelte mit den Zehen. »Ich bin der Engel Traumgesicht, und ich denke, wir beide sollten zusammen einen kleinen Ausflug machen. Magst du fliegen?«

Moni bekam runde Augen vor Erstaunen. »Fliegen? Mit dir? Bin ich nicht zu schwer für dich?«
»Aber nein, ich nehme dich in deiner Traumgestalt mit. Deinen Körper legen wir in der Zwischenzeit einfach ins Bett und decken ihn gut zu. Husch ins Körbchen, süße Moni!«
Moni musste kichern und krabbelte unter die Decke. Traumgesicht deckte sie liebevoll zu und steckte die Decke fürsorglich fest.
»So, und jetzt pass auf, wir wecken deine Traumgestalt. Schau her!« Der Engel streckte die Hand zu ihr aus, und Moni sah verblüfft, wie sie aus dem Bett stieg und ihn an der Hand nahm. Dann vergaß sie alles andere um sich herum, denn gemeinsam flogen sie und Traumgesicht durch die Nacht. Sie ließen die Dächer der Häuser unter sich, den Park mit den alten Bäumen, die glitzernden Lichter der Stadt und folgten dem Silberband des großen Flusses nach Westen. Und je weiter sie nach Westen kamen, desto heller wurde es.
»Wir fliegen der Sonne hinterher, Moni. Wir fliegen dem vergangenen Tag nach. Ist das nicht schön?«, juchzte Traumgesicht und hielt Moni noch ein bisschen fester, so dass sie sich ganz sicher und geborgen fühlte. Unter ihr veränderte sich die

Landschaft, und als sie im warmen Licht der Sonne niederschwebten, sah Moni den weiten, goldenen Strand vor sich.
»Oh, das sieht ja aus wie mein Bild!« Moni ließ sich in den Sand fallen und strampelte mit den Beinen vor Vergnügen. »Ob man hier auch Muscheln sammeln kann?«
»Aber natürlich, nur deswegen sind wir doch hergekommen«, sagte Traumgesicht. Moni wanderte am Wasser entlang und hatte bald beide Hände voll Muscheln. Aber dann wurde ihr das langweilig, und sie setzte sich mit ihrer Beute in den Sand.
»Gefällt es dir hier?« fragte Traumgesicht, der wieder neben ihr erschien.
»Ja, doch.« Moni schaute verloren über die einsame Weite des Wassers.
»Zeig mal deine Muscheln her«, bat Traumgesicht und suchte dann sorgfältig eine herzförmige heraus. »Ja, diese müsste es sein. Hier, Moni, diese Muschel musst du aufmachen, dann findest du das darin, was dir hier noch fehlt.«
Ein bisschen zögernd nahm Moni die Muschel, und als sie sie in der Hand hielt, sprang sie ganz von alleine auf. In dem perl-

mutternen Inneren lag eingebettet eine kleine runde Kugel, glänzend wie Mondlicht und ein bisschen rosig. Und während Moni die Zauberperle anschaute, hörte sie plötzlich ein Flattern in der Luft. Da tänzelte ein quietschegrüner Papierdrachen am hellblauen Himmel, und gleich darauf rollte ein roter Ball den Strand entlang.

Als sie dazu das fröhliche Lachen ihrer kleinen Schwester hörte, wusste Moni auf einmal, was sie sich an diesem einsamen Strand gewünscht hatte. Das kleine Mädchen lief stolpernd und mit ausgestreckten Armen auf sie zu. Moni fing sie auf, und als sie aneinander geschmiegt zum Himmel schauten, da bekam die Sonne lila Locken. Darüber mussten beide ganz entsetzlich lachen.

Moni wachte am nächsten Morgen überaus fröhlich auf, kein bisschen Bitteres war mehr in ihr. Leise schlich sie zu Lisa ans Bett und streichelte ihre Haare.

»Bist du noch böse mit mir?«, fragte Lisa, als sie die Augen aufschlug.

»Nein, Lisa, kein bisschen. Aber ich hab eine ganz prima Idee, was ich noch in mein Bild malen kann.«

Zusammen verwandelten sie nach dem Frühstück den grünen Fleck in einen Drachen mit langem buntem Schwanz, den roten Punkt in einen richtig runden Ball. Der lila gelockten Sonne malten sie ein breites Grinsen ins Gesicht und lachten darüber, bis sie keine Luft mehr bekamen.

So fand ihre Mama sie und nahm sie beide in die Arme.

»So ist das viel schöner, als wenn ihr euch streitet. Ich hab euch doch beide so lieb«, sagte sie und gab ihren beiden Töchtern jeder einen dicken Schmatz.

## Wer kann einem Engel helfen?

»Ich will aber heute ins Kino, nicht morgen!« Roland stampfte wütend mit dem Fuß auf. »Immer muss ich warten, bis du mal Zeit hast!«, schrie er seinen älteren Bruder an. »Du mit deinen blöden Mädchenverabredungen! Für die hast du immer Zeit!«

Als sein Bruder ihm gutmütig einen Schokoriegel reichen wollte und sagte: »Komm, sei nicht so ungeduldig, nimm das als Trost«, beruhigte sich Roland nicht, sondern ging hinaus und schlug die Tür lautstark hinter sich zu.

In seinem Zimmer sah er sich mürrisch um und überlegte, was er jetzt mit den langen Nachmittagsstunden anfangen solle. Da war der Baukasten, den er zum Geburtstag bekommen hatte. Eigentlich hatte er ihn schon zu Weihnachten haben wollen und war ziemlich sauer gewesen, als er ihn damals nicht geschenkt bekommen hatte. Aus Trotz hatte er ihn seit seinem Geburtstag noch nicht angerührt. Aber jetzt beschloss er, ihn zu öffnen und einen Kran zu bauen. Wenige Minuten später war Roland umgeben von Bauelementen, Schrauben und Steckverbindungen und stand kurz vor der Explosion. Nichts wollte zusammenpassen, und so, wie der Kran abgebildet war, würde das nie funktionieren. Zornig knallte er die Einzelteile auf den Boden und fand es ganz prima, dass sie dabei auseinander brachen. Beim Rausgehen trat er noch einmal auf eine Schiene, die sich knirschend unter seinem Fuß verbog.

Besser wurde seine Laune dadurch nicht, und auch als er vor dem Fernsehgerät saß und sich durch alle Programme arbeitete, konnte er nicht still sitzen. Er zuckte mit den Schultern, warf die Fernbedienung beiseite und machte sich auf die Suche nach irgendeiner anderen Beschäftigung. Seine Eltern waren nicht zu Hause, und sein Bruder musste sich ja unbedingt mit Uschi treffen. Etwas verloren stand er im Flur, als er ein leises Geräusch hörte. Da er glaubte, alleine zu sein, lauschte er noch einmal aufmerksam. Da war irgendetwas oben auf dem Dachboden. Angst griff mit kalter Hand nach seiner Kehle, und er schluckte trocken. Einbrecher? Er lauschte noch intensiver, und plötzlich erkannte er ein Geräusch, das viel Ähnlichkeit mit einem ganz erbärmlichen Schluchzen hatte. Da Einbrecher selten bei ihrer Arbeit jämmerlich weinen, beschloss Roland, mutig zu sein und nachzusehen. Er kletterte die Stiege zum Dachboden hoch und sah sich in dem dämmerigen Licht dort oben um. Ein bisschen unheimlich war es schon dort unter den Dachsparren, und ein alter Mantel, der sich im Luftzug bewegte, erschreckte ihn so sehr, dass er beinahe wieder nach unten geschlüpft wäre. Aber da war ein fürchterliches Schniefen und Seufzen, und Roland sah sich genauer um. Im Halbdunkeln konnte er wenig erkennen, erst nach einer Weile sah er, dass auf einer staubigen Truhe eine zusammengesunkene Gestalt saß, die die Hände vor das Gesicht geschlagen hatte. Zwei Flügel hingen ihr traurig vom Rücken hinunter, und die goldenen Haare waren völlig zerrauft.

»Mann, bist du ein Engel?«, entfuhr es Roland, und die Gestalt zuckte zusammen. Ein nasses, verquollenes Gesicht kam hinter den Händen hervor, starrte ihn trostlos an und nickte.
»Hey, was ist los, du siehst ja grässlich aus. Ich dachte, Engel sind irgendwie immer total glücklich.«
Der Engel schüttelte nur heftig den Kopf und fuhr sich mit dem Ärmel über die Nase. Der Ärmel war ziemlich feucht und reichlich staubig. Roland tat der traurige Engel Leid, und er setzte sich neben ihn auf die Truhe. »Ich bin Roland, ich wohne hier«, stellte er sich vor und zog ein Päckchen Taschentücher aus der Hosentasche.
Der Engel nahm eins, schneuzte sich und antwortete: »Ja, ich weiß. Ich bin Wartmal, ich gehöre zu den Engeln des Nordens.«
»Und warum bist du dann nicht dort?« wollte Roland neugierig wissen.
»Ich hab so eine blöde Aufgabe, die muss ich hier lösen.« Wartmal deutete auf einen Haufen Fäden, die vor ihm auf dem Boden lagen.
»Was ist denn das? Ein Fischernetz?«
»So was Ähnliches. Weißt du, diese Fäden müssten eigentlich schön ordentlich zu einem Gewebe angeordnet sein, aber ich krieg's nicht hin.« Wartmal zupfte an einem Faden und wollte ihn herausziehen, aber er war fürchterlich verheddert. »Siehst du? Solange ich das nicht auseinander gedröselt habe, kann ich nicht nach Hause. Alleine schaffe ich das nicht mehr, aber wer kann schon einem Engel helfen?«

Roland sah erst den unglücklichen Engel und dann den Haufen Fäden an und schüttelte bedauernd den Kopf.
»Ich brauch das gar nicht erst anzufangen, dafür bin ich viel zu ungeduldig!«, sagte er und zerrte versuchsweise an einem losen Endchen. »Aber wenn du meinst, können wir es ja mal zusammen versuchen. Aber wundere dich nicht, wenn ich den Krempel ziemlich schnell hinwerfe.«
Wartmal nickte und sah ein bisschen froher aus. »Na ja, versuchen können wir es trotzdem mal.«
Roland und Wartmal verbrachten, wie es ihnen erschien, Stunde um Stunde damit, sorgsam die Stränge zu entknoten, zu entwirren, glatt zu streichen und richtig zu knüpfen. Und bei jedem Faden erklärte der Engel, zu wem er gehörte. Da war der glatte, seidige Faden seiner Mutter, der mit einem dicken Knoten mit dem starken Faden seines Vaters verbunden war, da war der elastische Faden seines Bruders und die schon ein wenig verschlissenen Fäden seiner Großeltern, andere gehörten zu seinen Cousinen und Tanten, Vettern und Onkeln, manchmal webte sich ein Freundesfaden mit ein. Aber immer, wenn sie ein Stückchen weitergekommen waren, störte sie ein unordentlicher roter Faden. Es war so oft gerissen und wieder zusammengeknotet, dass sie Mühe hatten, ihn richtig in das Netz mit einzuflicken.
»Was ist das nur für ein scheußliches Teil?«, fragte Roland, als er bestimmt zum hundertsten Mal einen Knoten darin entwirrt hatte. »Irgendwie hab ich das Gefühl, der ist schuld daran, dass du das Gewirre nicht auseinander kriegst! Wem gehört der denn?«
»Oh, mh ...«, brummte Wartmal, zog sorgfältig eine Masche fest und sah nicht zu Roland hin.
»Oh! Mh ...!«, sagte Roland plötzlich auch, denn es dämmerte ihm eine Erkenntnis. »Wartmal, sollte das etwa mein Faden sein?«
»Na ja. Ist er wohl.«
Betreten hielt Roland den oft zerrissenen Faden in der Hand

und versuchte, ihn zu glätten. »Wie kommt das?«, fragte er dann den Engel, der ihn eindringlich ansah.
»Es ist eben so, dass dein Geduldsfaden ziemlich oft reißt. Ich meine, ich bin dafür verantwortlich, ihn immer wieder neu zusammenzuknoten, wenn das passiert. Und es ist eine schrecklich schwierige Arbeit, so einen geflickten Faden in dem Gewebe unterzubringen.«
»Deine Aufgabe ist das? Dann bin ich also der Grund dafür, dass du so unglücklich bist?«
»Ich bin nicht mehr unglücklich, Roland. Ich bin eigentlich sehr glücklich«, sagte Wartmal, strahlte Roland an, und es wurde richtig hell unter dem Dach. »Du hast mir ja geholfen. Und das bei einer Aufgabe, die die Geduld eines Engels erfordert.«
Er stand auf, schüttelte das frisch geknüpfte Netz aus, und es schimmerte im Licht wie ein zartes Spinngewebe.
»Meine Aufgabe ist gelöst, danke, Roland.«
Mit einem leisen Flügelrauschen war der Engel plötzlich verschwunden, und Roland stand nachdenklich neben der Truhe. Etwas ungläubig schüttelte er den Kopf und fragte sich, ob das, was er gerade erlebt hatte, nur in seiner Phantasie passiert sei. Aber da fiel sein Blick auf den Boden, und dort ringelte sich ein rotes Fädchen. Er hob es auf und sah, dass es viele Knoten hatte. Lächelnd wickelte er sich den Faden um den Finger und steckte ihn ein.
Wann immer er in der kommenden Zeit merkte, dass er die Geduld verlor, holte Roland heimlich den Faden hervor, flüsterte »Wartmal!« und strich über die Unebenheiten. Und siehe da, wann immer er geduldig blieb, löste sich ein Knoten, und der Faden wurde an dieser Stelle wieder glatt.

Elfenzauber –
ganz natürlich

Angelo und Elli Elfi erklären, was es mit den vier Elementen auf sich hat und was passiert, wenn man sich mit Feuer, Wasser, Erde und Luft anlegt. Sie zeigen auch, dass man eine Menge lernen kann, wenn man aufmerksam durch die Natur geht und alle Lebewesen achtet.

# Angelo trifft Elli Elfi

Hier bin ich wieder, Angelo, euer Begleiter in diesem Buch. Diesmal habe ich eine Freundin mitgebracht, die sozusagen aus einer anderen Familie stammt. Wir sind aber entfernt verwandt. Darf ich vorstellen: die Elfe Elli Elfi!

Hallo, allerseits! Angelo hat natürlich Recht, wir sind verwandt. Man sieht es schon an den Flügeln. Aber meine haben keine weißen Federn, sondern sind durchsichtig und schillern in allen Regenbogenfarben. Ich finde das ja viel hübscher … Gut, entschuldige, Angelo, das sage ich nur, weil ich nicht diese komische Scheibe über dem Kopf schweben habe, die aussieht wie 'ne CD. Elfenkleider sind außerdem bunter als die reinweißen Engelgewänder. Wir lieben eben seidige Blütenblätter und raschelndes Laub. Und im Gegensatz zu Engeln haben wir spitze Ohren. Sehr spitze Ohren! Mit denen hören wir das Gras wachsen, die Glockenblumen läuten, die Marienkäfer singen und den Wind flüstern. Manche von uns leben mit den Pflanzen und bewachen ihr Wachstum. Andere mögen's feucht, das sind zum Beispiel meine Cousinen, die netten Nixen, und ihr schlimmer Bruder, der Tauchtnix. Die sprudeln meistens über vor guter Laune. Ganz besondere Freunde von mir sind Luftiküsschen, sein Vater Or Kane und seine Mutter Hurri Kane. Die können ganz schön Wind machen, kann ich euch sagen. Einen flotten Feuerelf kenne ich auch, aber der ist immer so zapplig und voller Energie, dass die Funken nur so sprühen. Er macht mich manchmal etwas nervös.

### Das Treiben der Elfen

Ich habe euch vier Geschichten mitgebracht, in denen ihr etwas über unser Wirken kennen lernt. Wir sind eigentlich sehr nette Gesellen, wir Elfen. Wir tanzen gerne und lachen und mögen Kinder. Nur wenn man uns oder den Wesen, die wir behüten, Schaden zufügt, dann können wir auch ein wenig ernsthafter werden. Dann lassen wir Dornen piken und Nesseln auf der Haut brennen. Aber bösartig sind wir nie, und oft erfüllen wir auch Wünsche.

Bevor wir mit den Geschichten beginnen, habe ich hier noch ein Gedicht für euch. Wenn ihr wollt, könnt ihr es auswendig lernen – ganz oder nur ein paar Zeilen davon – und aufsagen, wenn ihr alleine draußen seid, bei Sonne und Regen, im Wald und auf der Wiese und an Elfen denkt. Wer weiß, vielleicht hört eine von uns zu – wir hören nämlich gerne Gedichte und Lieder – und zeigt sich euch.

### Versprechen an die vier Elemente

Die Sonne wärmt der Erde Antlitz,
doch wütet Feuer auch im Blitz.

Der Wind fährt kühlend durch das Haar,
doch droht aus Sturm und Wirbelwind Gefahr.

Das Wasser gilt als Lebensquelle,
doch vernichtet die Gewalt der Welle.

In Baum und Strauch,
an Fluss und Quellen,
auf den hohen Gipfeln auch
und an allen Feuerstellen.
In den Wolken, in den Winden,
in den Höhlen unterm Berg,
kann man Nix' und Elfen finden,
hausen Trolle, Gnom und Zwerg.

Bei Meer und See, bei Fluss und Bach,
bei Wind und Sturm, bei Donnerkrach,
bei Fels und Wald, bei Erdgebein,
bei Feuersbrunst und Sonnenschein
rufe ich die Elfen an,
ruf sie um Rat und Hilfe an!

Feuer, Wasser, Luft und Erde
bergen die Naturgewalten,
die ich immer achten werde.
Das Versprechen will ich halten!

## Kementari – Besuch bei Mutter Erde

Der Herbstwald glühte in der schrägen Nachmittagssonne in goldbraunen und rotgoldenen Farben. Schon waren in nächtlichen Stürmen die müden Blätter zu Boden gefallen, um dort eine dicke, nahrhafte Humusschicht zu bilden. Pilze reckten ihre Köpfe aus dieser weichen, federnden Laubmasse. Die einen glänzend braun und von Tieren genauso gern gegessen wie von Menschen, die anderen sahen märchenhaft aus in ihren roten, weiß gepunkteten Hüten – giftig und trotzdem schön. Farnwedel wiegten sich sacht im Wind, stachelige Brombeerranken verwehrten nachdrücklich den Zugang zum Hort der verborgenen Pfifferlinge. Ein eiliges Eichhörnchen sammelte Bucheckern für den Wintervorrat, hielt plötzlich inne, spitzte die Ohren und huschte mit wehendem Schwanz den Stamm einer Buche empor.

Der Grund seiner Flucht war das Geschrei dreier Radfahrer, die mit ihren Mountainbikes johlend durch den Wald tobten. Nicht etwa über die geschotterten Wege, nein, zwischen den Bäumen musste Slalom gefahren werden, die Abhänge quer hinuntergerutscht, schleudernd wurde gewendet, dass tiefe Radspuren den Waldboden aufrissen. Enthauptete Pilze blieben zurück, das Winterlager des Eichhörnchens wurde zerstört und zahllose Buchenschösslinge entwurzelt.

Davon jedoch bemerkten Toby, Felix und Nadine nichts.

»Da hoch, ihr zwei Schlaffis!«, brüllte Nadine, die eindeutig die Anführerin des wilden Trios war. Ihr weites Hemd blähte sich, die Baseballmütze hatte sie verkehrt herum auf den kurzen Haaren sitzen. Ihre Füße steckten in Stiefeln und traten energisch in die Pedale. Vor den beiden Jungen erreichte sie die kleine Anhöhe und rüstete sich zur Schussfahrt ins Tal.

Die Freude daran blieb ihr allerdings ganz plötzlich versagt. Durch einen merkwürdigen Zufall verfing sich eine lange Brombeerranke in den Speichen ihres Vorderrads, und Nadine flog kopfüber in einen Laubhaufen. Sie schimpfte fürchterlich und mit Ausdrücken, die selbst Toby und Felix für reichlich derb hielten.

»Hast du dir weh getan, Nadine?«, fragte Toby anteilnehmend.

»Nee. Wir können weiter.«

Das Mädchen wischte sich die trockenen Blätter von den Jeans und wollte ihr Fahrrad besteigen. Allerdings hatte sich die Brombeerranke derartig fest in den Speichen verheddert, dass sie das Rad nicht ohne weiteres losbekam. Sie war ein kräftiges Mädchen und zerrte und riss heftig an dem Rad, doch die Ranken waren starr und dornig. Mit zerstochenen Fingern hielt sie inne und trat wütend gegen das Hinterrad.
»Hier, ich glaube, ich spinne! Hinten am Rad waren doch noch gar keine!«
Empört versuchte Nadine noch einmal das ganze Mountainbike aus dem Gebüsch zu zerren.
»Es langt, Leute!«, ertönte eine kühle Stimme.
»Was war denn das?« Toby sah hoch.
»Nicht *was*, Freundchen, sondern *wer*. Ich bin Neldor, und mir langt es jetzt endgültig, wie ihr hier mit dem Wald umgeht.«
Felix sah bei diesen zornigen Vorwürfen ebenfalls auf und musterte verwundert eine schlanke, knapp einen halben Meter große Gestalt mit strubbeligem Haar und einem rotbraun, matt schimmernden Gewand. Was ihn besonders von den Menschen unterschied, waren allerdings die Schmetterlingsflügel auf seinem Rücken.
»Und wer bist du?«, erkundigte sich Toby, nachdem er den ersten Schrecken überwunden hatte.
»Ich bin der Herr dieses Waldes, ein Elf. Und ich dulde nicht, dass drei vorlaute und lärmende Menschenkinder hier meine Pilze zertreten, die Eichhörnchen verschrecken und den kostbaren Waldboden aufwühlen.«
»Und was willst du dagegen machen?«, fragte Felix mit frechem Grinsen und schob sich ebenfalls die Schirmmütze in den Nacken. Bevor Neldor jedoch antworten konnte, mischte sich Nadine ein.
»Sagt mal, führt ihr jetzt Selbstgespräche?«
»Hey, Nadine, siehst du den da nicht?« Verdutzt drehte sich Toby zu dem Mädchen um.
»Wen? Mann, ich will mein Fahrrad hier rauskriegen. Helft ihr mir jetzt endlich?«
»Das Fahrrad bleibt so, wie es ist. Und dass dieses unverschämte Mädchen mich nicht sieht, ist mir völlig klar. Große Mutter Erde, die Menschen produzieren heute eine rohe Brut. Am

besten nehme ich euch alle drei mal auf eine lehrreiche Wanderung mit.«

»Wie willste das denn machen? Kommt, Leute, wir gehen. Nadine, lass das Rad hier … AUA!«

Felix' Stimme kippte kieksend um, als er den entsetzten Schmerzensschrei ausstieß. Die Dornen einer Brombeerranke stachen in seine Beine. Wie Stacheldraht wickelte sich der biegsame Ast um ihn herum.

Nadine, die noch immer nicht verstand, mit wem ihre beiden Kumpanen redeten, fragte noch einmal ungehalten: »Mit wem quatscht ihr denn die ganze Zeit?«

»Mit einem Elf namens Neldor. Er sagt, er ist für den Wald hier zuständig«, klärte Toby sie auf.

»Was für 'n Blödsinn! Ein Elf! Ihr habt wieder zu viel Fantasygeschichten unter der Bettdecke gelesen, was? Jetzt helft mir endlich, das Fahrrad hier rauszukriegen!«

»Können wir nicht, Nadine. Siehst du das nicht? Unsere Füße sind gefesselt. Das hat der da gemacht!«

»Der da, der da. Ihr spinnt vielleicht! … AUAUAU! Lasst das sein, verdammt, das tut doch weh!«

Die Stachelfesseln hatten auch Nadine erreicht und wickelten sich fest und unbarmherzig um ihre Waden. Selbst der dicke Stoff der Jeans konnte sie vor den schmerzhaften Stichen der Dornen nicht schützen.

»Die junge Dame kann mich vielleicht nicht sehen und nicht hören, aber fühlen kann sie mich noch immer. Wir gehen! Und zwar dort entlang.«

Neldor deutete erst mit seinem Stab auf die Kinder, dann in den Wald, dort, wo offensichtlich der einzige Weg aus den Brombeerbüschen führte.

»Bleibt uns wohl nichts anderes übrig!«, meinte Toby, und schon lösten sich die Ranken um seine Füße. Auch Felix ergab sich, nur Nadine trotzte weiterhin, was ihr nur noch mehr Stiche und Kratzer einbrachte. Schließlich gab auch sie auf und schlich murrend hinter den beiden Jungen her.

»Hey, sagt dem Typen mal, dass wir auch wieder nach Hause müssen«, fauchte sie nach ein paar Metern.

»Ihr kommt schon wieder nach Hause. Aber jetzt erst mal hier hoch.«

Neldor wies Toby den Weg, und Felix folgte mit Nadine im Schlepptau. Es war ein unangenehm steiler Weg bergauf. Der Wald wurde auch immer dünner und der Boden immer steiniger. Nicht nur nackter, grauer Fels, nein, scharfkantiges Geröll nahm immer mehr Raum ein. Die Vegetation wurde spärlicher und spärlicher, bis bald kein Hälmchen mehr zwischen den trockenen Gesteinsbrocken wuchs.
»Mann, ist das ein öder Weg. Wo soll denn das hinführen? Mir tun die Füße weh!«, maulte Nadine.
»Ihr dürft eurer lieben Freundin sagen, bis wir am Ziel sind, wird ihr noch viel mehr weh tun als nur die Füße«, antwortete der Elf grimmig. Felix, mit etwas Schadenfreude in der Stimme, gab das an Nadine weiter.

Nadine fauchte: »Der spinnt wirklich! Ich mach nicht mehr mit, das ist mir echt zu viel. Jungs, ich dreh um!«
Sprach's, machte auf dem Absatz kehrt und wollte den Abhang hinunterstürmen. Das erwies sich allerdings als ein gewaltiger Fehler.
Auf dem Geröll strauchelte sie, fiel auf die Seite und rutschte etliche Meter nach unten. Die beiden Jungen und Neldor sahen ihr nach, und dann geschah es! Tausende von Nadine losgetretene Steinchen gerieten in Bewegung. Kiesel, größere Brocken und schließlich ganze Felsstücke polterten in einer Staubwolke den Berg hinab. Tobys und Felix' Schrei übertönte das Rumpeln und Grollen der Geröllawine.
»Oh Gott, wie furchtbar. Oh, das muss ja höllisch weh tun, all diese Steine!«
»Keine Sorge, Toby, deine Freundin kommt wieder auf die Füße. Wir gehen jetzt weiter!«, forderte Neldor die beiden auf.
»Hier, nee, das können wir nicht bringen. Sie braucht doch unsere Hilfe.«
»Hat sie die verdient, Toby?«
Aber sogar Felix stimmte seinem Freund zu, obwohl er nicht besonders gut auf Nadine zu sprechen war.
»Wir sollten sie suchen, Neldor.«
»Na gut, dann sucht mal.«
Der Staub hatte sich inzwischen gelegt, und der Geröllstrom hatte eine breit klaffende Furche in den Abhang gerissen. Büsche waren entwurzelt, Bäume schwankten, und die Wiese war mit Gesteinstrümmern zugedeckt. Die Jungen waren erleichtert, als hinter einem mannshohen Felsbrocken, keine zehn Schritt entfernt, eine staubige Nadine auftauchte, mit abgeschürfter Haut an Händen und Armen, aber ansonsten unversehrt.
»Nadine, wie geht's dir? Kannst du gehen?«
Ein nicht wiederzugebender Wortschwall ergoss sich über die Zuhörer, als Nadine sich den Staub aus den Augen wischte. Aber das war diesmal zumindest verständlich. Und ihre Bereitschaft, weiter mitzugehen, war nach dem erschreckenden Erlebnis deutlich größer. Sie hatte inzwischen verstanden, dass es da jemanden gab, der durchaus in der Lage war, seinen Willen durchzusetzen.

Sie trabten weiter über die Hochebene. Das Gehen fiel hier ein wenig leichter, allerdings bot die trostlose Landschaft keinerlei Schutz gehen die Unbillen des Wetters. Und das schlug jetzt um. Aus dunklen Wolken strömte Regen, kalt und durchdringend. Der Wind trieb kalte Güsse gegen die Wanderer. Eng aneinander gedrängt schleppten sich die drei vorwärts, mit ständig suchendem Blick nach einem Unterstand.

»Prima Wetter hier!«, spottete Neldor noch dazu, erhielt aber keine Antwort.

Der Regen fiel so dicht, dass man kaum die Hand vor Augen sah, und dennoch war es Nadine, die als Erste die Rettung erkannte.

»Da vorne steht doch ein Haus! Dahin!«

Das Haus erwies sich als eine verlassene Hütte aus Feldsteinen, deren Dach noch immer einigermaßen Schutz gegen die Wassermassen bot. Erschöpft fielen sie in eine Ecke und versuchten, sich den Regen aus den Haaren zu schütteln. Toby zog sein T-Shirt aus und wrang es aus, die beiden anderen machten es ihm nach.

So plötzlich, wie der Schauer eingesetzt hatte, hörte er auch wieder auf. Schon fiel ein erster Sonnenstrahl durch die glaslose Fensterluke.

»Geht raus, dann trocknet es besser«, empfahl Neldor, der sich mit ein paar energischen Bewegungen die Tröpfchen von den Flügeln schüttelte. Ihm hatte der Regen nicht sehr viel ausgemacht.

Die Kinder folgten ihm widerspruchslos, und die warme Herbstsonne zusammen mit dem milden Wind trocknete wirklich ganz schnell ihre Haare und Kleider. Nur ihre Schuhe blieben feucht. Darum maulte Nadine auch schon wieder leise, als es hieß: »Weitergehen!« Aber nur leise. Sie nahm es lieber in Kauf, mit quatschenden Sohlen weiterzuwandern, als noch einmal eine elbische Strafaktion über sich ergehen lassen zu müssen.

Das Geröllfeld hatten sie jetzt hinter sich gelassen, und es ging leicht bergab durch kniehohes Gestrüpp, das kratzte und sie zu Fall brachte. Schwerfällig stolperten sie voran, müde und erschöpft. Doch Neldor, der vor ihnen herflog, trieb sie an, ohne sich um das Stöhnen und Jammern zu kümmern. Erst als

er merkte, dass die drei wirklich nicht mehr weiterkonnten, ließ er sie sich eine Weile hinsetzen.
Nadine warf sich ungeachtet der kratzigen Sträucher lang auf den Boden und schloss die Augen, Toby lehnte sich an einen Felsen, und Felix setzte sich etwas abseits auf einen alten Baumstamm. Stumpf vor Erschöpfung starrten sie in die Luft, ohne auf die Umgebung zu achten. Darum brauchte es auch eine ganze Weile, bis sie das dumpfe Grollen unter sich in der Erde fühlten. Erst als Felix entsetzt aufschrie: »Die Erde bebt!«, sprangen die beiden anderen erschrocken auf. In diesem Moment wankte der Boden, es knallte trocken, und ein Riss klaffte auf. Mit Panik in den Augen sahen Toby und Nadine Felix darin verschwinden.
»Feeelix!«, schrie Nadine und wollte zu dem tiefen Spalt stürzen, aber wieder wackelte der Boden, und sie fiel der Länge nach ebenfalls in den Spalt.
»Oh nein!«, stöhnte Toby. »Neldor, was mache ich denn jetzt?«
»Willst du ihnen nicht helfen?«, spöttelte der Elf und zeigte auf den Erdspalt. Toby ging näher heran, und ein letzter Erdstoß ließ auch ihn das Gleichgewicht verlieren. Er fiel tief. Wie tief, konnte er gar nicht erfassen. Doch als er unten ankam, war es gar kein so harter Aufprall. Er war auf einer grünen, weichen Wiese gelandet, und neben ihm sortierten seine Freunde gerade ihre Glieder.
»Ach du meine Güte. Wo sind wir denn hier gelandet?«
Alle drei sahen sich verwundert um. Sie saßen unter einem son-

nig blauen Himmel in einem wunderschönen Tal voller Bäume und Blüten. Im Laub der Bäume glänzten reife, rote, saftige Äpfel.
»Ob wir wohl einen Apfel pflücken dürfen?« Geradezu schüchtern flüsterte Nadine diese Frage. »Ich bin nämlich tierisch hungrig.«
»Lieber nicht, Nadine. Du hast schon genug Mist gebaut.«
Toby war inzwischen ziemlich kritisch gegenüber den Aktionen seiner Freundin. »Wer weiß, wem die gehören.«
»Vielleicht sollten wir die Frau da drüben mal fragen.«
Felix hatte zwischen den Apfelbäumen eine Gestalt entdeckt, die mit einem Korb in der Hand Äpfel einsammelte. Da hob die Frau auch schon ihren Kopf und sah zu den dreien hin. Langsam kam sie näher.
»Sie sieht nett aus, findet ihr nicht?«, flüsterte Toby zaghaft.
»Ich bin auch nett, mein Junge. Nun, nun, ihr drei. Mögt ihr ein paar Äpfel? Ihr seht hungrig und durstig aus. Bitte, nehmt!«
Die alte Frau, deren Gesicht selbst einem schrumpeligen Apfel ähnelte, bot ihnen den Korb voller reifer Früchte an.
»Vorsichtig, vielleicht sind die vergiftet«, mahnte Nadine, und ein papierdünnes Kichern war die Antwort.
»Hast doch die alten Märchen nicht ganz vergessen, Nadine, was? Aber nein, nein, die Äpfel sind nicht vergiftet. Ich bin keine böse Hexe, die euch Übles will.«
»Wer sind Sie denn? Und wo sind wir hier eigentlich?«
»Oh, ihr seid im Schoß der Erde. Und mich nennt man Kementari.«
Zaghaft biss Toby in einen Apfel und seufzte dann vor Genuss. Dann erst reagierte er auf die Auskunft.
»Es ist sehr schön hier, aber wir … wir müssen auch wieder zurück.«
»Ihr werdet wieder zurückfinden«, beruhigte Kementari sie. «Zuerst müsst ihr mir aber doch noch ein wenig von eurer Reise hierher erzählen.«
Die alte Frau breitete ihren laubgemusterten Überwurf über einen Baumstumpf, setzte sich darauf und sah die Kinder erwartungsvoll an.
Nadine, von einer ungewohnten Höflichkeit, war diejenige, die mit einem Staunen vor ihrer eigenen Stimme von dem

gefahrvollen Weg erzählte. Felix und Toby ergänzten nur die Teile, in denen Neldor aufgetreten war.
»So, so, eine gefahrvolle Reise. Möchtet ihr die noch einmal machen?«
Heftig schüttelten alle drei den Kopf. Und Toby sagte nach einer Minute schweigenden Nachdenkens:
»Wir sollten wohl besser die Erde nicht kaputt machen. Ich meine, es hat alles angefangen, als wir mitten durch den Wald geradelt sind. Nicht wahr?«
Die alte Frau sah ihn lange an und nickte dann.
»Ich bin die Mutter Erde, Toby. Und wer mir Wunden zufügt, den strafe ich über kurz oder lang. Reißt ihr den fruchtbaren Boden von den Hängen, werden sie kahl und trocken und bieten keinen Schutz vor Wind und Regen. Denkt daran, wenn ihr über die Erde geht, wenn ihr mit Rädern fahrt oder Schlitten und Ski. Wenn ihr später Autos habt, wenn ihr Straßen anlegt und Häuser baut. Denkt daran – Mutter Erde ist alt, aber nicht wehrlos.«
Für einen winzigen, ganz kurzen Augenblick sahen Toby, Felix und Nadine, wie die harmlose Apfelsammlerin vor ihnen die Gestalt wechselte. Mit brennenden Haaren, in Rauch und Asche gehüllt stand sie auf einem See rot glühender Lava. Aber nur für den Bruchteil eines Augenblicks, dann war es wieder die alte Frau mit dem Apfelkorb, die sie gütig anlächelte.
»Nehmt zur Erinnerung an Mutter Erde dies von mir«, sagte sie und legte jedem der drei einen Stein in die Hand.
Als sie von dem glatten, schwarzen Kristall aufsahen, war Kementari schon unter den Apfelbäumen verschwunden.
»Toby, Felix! Ihr Schlafmützen, wacht doch auf!«
Nadine war zwar selbst noch nicht ganz wach, hatte aber ein unerklärliches Gefühl von Angst, als sie die beiden Freunde so tief schlafend an eine Buche gelehnt sah.
»Was …? Wo …? Oh, Nadine! Ich weiß gar nicht, wieso ich eingeschlafen bin. Felix?«
»Du meine Güte, es ist ja schon halb sechs. Ich habe so komisches Zeug geträumt.«
»Du auch? Ich auch, von Apfelbäumen und … oh Gott, oh Gott, von Erdbeben …«
»Und Geröllawinen?«

»Ja, und ihr beide habt immer etwas von einem Elf erzählt!«
»Aber der war ...«
»Und eine alte Frau ...«
»Ja, wir scheinen alle das Gleiche geträumt zu haben. Trotzdem, wir müssen nach Hause.«
Nadine stand auf und sah zu ihrem Fahrrad hin, das in einem Brombeerbusch lag. Ganz friedlich lag es da, und keine Ranke wand sich um die Speichen. Sie richtete es auf und sah es verwundert an. Dann steckte sie die Hand in ihre Hosentasche, um ein Taschentuch herauszufischen und stieß ein langes, erstauntes »Ohh!« aus. In den Fingern hielt sie ein tiefschwarzes, schimmerndes Stück Stein.
Und auch die beiden Jungen hatten ein ähnliches Stück Obsidian gefunden.
Nachdenklich schoben die drei ihre Räder aus dem Wald und fuhren auf dem Fahrradweg nach Hause.

**Die Erde**

Mutter Erde sollt ihr ehren
in den Wäldern, Bergen, Meeren.
Denn festen Grund gibt sie dem Leben,
den Pflanzen, Tieren, Menschenwerk.
Doch kann sie auch vernichtend beben,
und Feuer speien kann der Berg.
So tanzt und kreist seit Ewigkeiten
die Erde durch des Weltalls Weiten.

## Meneltar – Der Herr der Lüfte

Weiße Rosen und rote Rosen kreuzten ihre langen Ranken, so dass die schmiedeeiserne Laube beinahe ganz zugewachsen war. In den süß duftenden Blüten tummelten sich Bienen und Hummeln, um Honig aus den gelbgrundigen Kelchen zu naschen. Im dunkelgrünen Laub saßen Vögel und trillerten, flöteten, zwitscherten aus voller Kehle. Ein roter Marienkäfer turnte entlang eines der gezackten Blätter, um dann wippend an der äußersten Spitze seine gepunkteten Flügel auszubreiten und fortzufliegen.
Dieses kleine Paradies der schwirrenden und sirrenden, summenden und brummenden, piepsenden und tschilpenden Luftbewohner stand an einem Ende des großen Gartens und diente Trixi und Nele als sommerliche Unterkunft für ihre vielfältigen ernsthaften Beschäftigungen.
Nele war Trixis Freundin und wohnte im Nachbarhaus. Ihre Eltern hatten die beiden an diesem Tag alleine gelassen, und als das Auto endlich die Auffahrt hinunterrollte, hatte Trixi einen tiefen Seufzer ausgestoßen und zu ihrer Freundin gemeint: »Ich dachte schon, sie würden überhaupt nicht mehr losfahren. Mutti hat ständig rumgejammert, wegen der hohen Ozonwerte sollte man nicht Autofahren. Was für ein Unsinn.«
»Mein Vater hat auch schon angefangen. Ich weiß nicht, was das soll. Ich finde die Luft ganz in Ordnung. Was wollen wir heute machen?«
Trixis Augen glitzerten.
»Was hältst du davon, in der Laube eine Schönheitsfarm einzurichten?«
»Suuuper. Ich geh rüber und hol meine Schminksachen!«
Neles Mutter überließ ihrer Tochter oft die halb verbrauchten Lippenstifte und beinahe geleerten Puderdöschen für eigene Experimente. So hatten die Mädchen auf dem runden Tisch unter den Rosen bald eine ansehnliche Menge Schönheitsmittel zusammengestellt. Nele, die erfahrenere Schminkkünstlerin, übernahm die Aufgabe der beratenden Kosmetikerin, Trixi war die wählerische Kundin. Da wurde dann gepinselt und gefärbt, gestrichelt und gepudert, gekämmt und gebürstet. Und schließlich gesprüht und lackiert.

»Was ist denn in der Spraydose da, Trixi?«
»Das ist rotes Glitzerspray!«
»Ohh, toll. Willst du mir nicht eine neue Frisur damit machen?«
Trixi schüttelte schon die Dose, und dann versprühte sie den Inhalt über Neles lange, glatte Haare. Sie sahen nach der Behandlung etwas gescheckt aus, und als sich der letzte Hauch Farbe auf sie legte, waren auch ein paar weiße Rosenblüten sanft errötet, und ein paar Hummeln suchten zornig brummend das Weite. Dann band Trixi Neles Haare mit einer rosa Schleife zu einem zottigen Besen oben auf dem Kopf auf.
»Hier, dieser Haarlack soll besonders glänzen. Den nehmen wir zum Schluss«, empfahl sie dann und verteilte eine reichliche Dosis Spray über dem Gebilde. Eine Wolke davon verklebte einer Biene die Flügel, und sie stürzte sterbend aus einer roten Blüte.
In diesem Moment raschelte es im Rosenlaub, und zwei Gestalten schwangen sich durch das eiserne Gitterwerk der Laube. Trixi sah sie zuerst und ließ verblüfft den Sprühkopf los. Mit offenem Mund starrte sie die beiden Wesen an, die kaum einen halben Meter groß waren. Ihre feinen Glieder wurden von zartrosa und -blauen Gewändern umhüllt, und durchscheinende Libellenflügel schillerten an ihrem Rücken. Beide sahen allerdings sehr zornig aus und versuchten, den roten Glitzerstaub aus ihren verklebten silbrigen Haaren und aus den Flügeln zu entfernen.
»Nele, ich glaube, da sind zwei Elfen!«, flüsterte Trixi gänzlich fassungslos.
»Ehrlich, wo?«
»Hier, ihr zwei Kröten. Seid ihr eigentlich noch zu retten, ihr angemalten Gickelhühner? Verpestet hier die Luft, bringt die Marienkäfer zum Husten, verklebt die Rosenknospen und lasst die Hummeln niesen!«
»Nanu, die sind aber sauer. Ich dachte immer, Elfen seien sanfte und zarte Blumenkinder, die im Mondschein auf den Wiesen tanzen.«
»Natürlich sind wir sauer, du dumme Schnepfe. Wisst ihr überhaupt, was ihr hier angerichtet habt?«
»Wir haben doch nur ganz leise für uns gespielt. Wir haben niemanden gestört, ehrlich!«

Nele war ganz Empörung. Für ihre Verhältnisse hatten sie sich ja wirklich ganz ruhig verhalten, und weder ihre noch Trixis Eltern hätten irgend einen Einwand gegen ihre Beschäftigung gehabt.

»Elensul, die wissen es nicht anders. Es würde vielleicht nicht schaden, wenn wir sie mal mitnehmen würden!«

Die beiden Elfen sahen sich vielsagend an.

»Gute Idee, Sulimo. Wir bringen sie zu ihm.«

Der Sulimo genannte Elf drehte sich zu Nele und Trixi und forderte eindringlich, aber nicht böse: »Geht und wascht euch das Zeug von Gesicht und Haaren, wir machen zusammen einen Spaziergang.«

Die beiden Mädchen waren viel zu fasziniert von der Begegnung mit den Wesen, die sie nur aus Büchern oder Filmen kannten, um Einwände zu haben. Sie rasten ins Haus und wuschen sich Gesicht und Haare. Sauber geschrubbt, Nele noch mit einem feuchten Tuch um den Kopf, liefen sie zurück zum Gartenhäuschen, halb und halb mit der Gewissheit, die Elfen dort nicht mehr vorzufinden. Doch Sulimo und Elensul warteten dort noch auf sie.

»Wir können aber nicht lange mitgehen, unsere Eltern kommen in zwei Stunden zurück!«, gab Trixi zu bedenken.

»Na, dann beeilen wir uns eben ein bisschen.« Elensul deutete mit seinem Stab auf die beiden Mädchen und dann zum Gartentörchen. »Da hinaus!«

Folgsam eilten Trixi und Nele hinter den beiden Elfen her, die auf Schulterhöhe vor ihnen durch die warme Sommerluft flogen. Sie verließen nach wenigen Metern die Straße und bogen in ein unbekanntes Viertel ein. Rechts und links ragten Bürogebäude auf, zwischen deren verglasten Fensterfronten sich die Hitze fing. In den menschenleeren Häuserschluchten stand die Luft still, es wurde geradezu unerträglich heiß. Verwirrt sah Nele ihre Freundin an.

»Warst du hier schon mal?«

»Nein, bestimmt nicht. Ich wusste gar nicht, dass wir so nahe an der Innenstadt wohnen. Es ist grässlich hier.«

»Wirklich! He, ihr Elfen, müssen wir wirklich hier lang?«

»Natürlich. Das ist der einfachste Weg, den wir euch zeigen können.«

Die Füße schienen den Mädchen bleischwer zu werden auf dem heißen Pflaster. Hin und wieder kamen sie an einer Hauswand vorbei, aus der ein Ventilator muffige Innenluft nach außen pustete, und außerdem donnerten auf der breiten Straße Lastwagen vorbei, aus deren Auspuffen rußige Wolken quollen. Die Luft wurde stickig, und bei dem scharfen Tempo, das die Elfen vorgaben, mussten die beiden um Atem ringen. Aber sie folgten ihnen weiter, in der Hoffnung, möglichst bald die Innenstadt hinter sich zu lassen. Doch da wurden sie plötzlich aufgehalten. Wieder rollte ein schwerer Lastzug an ihnen vorbei, und gerade im letzten Moment bemerkte Nele ein kleines Hündchen, das sich angstvoll in den Rinnstein duckte.

»Trixi, warte! Hier schau mal. Der Hund ist ja fast überfahren worden.«
»Oh je, was für ein zauseliges Würstchen. Und wie der aussieht!«
Beide Mädchen kauerten sich nieder und betrachteten den Mischlingshund, der sie aus verklebten Augen hoffnungsvoll ansah und leise wimmerte.
»Was trödelt ihr denn da herum, Mädels?«
»Elensul, oder wie du heißt, hier ist ein kleiner, hilfloser Hund, den können wir doch nicht so einfach hier liegen lassen. Der wird doch überfahren.«
Trixi funkelte den Elf vorwurfsvoll an und drehte sich dann zu Nele.
»Nimm doch mal das feuchte Handtuch von deinem Kopf. Damit können wir ihm das Gesicht reinigen. Schau mal, sein Näschen ist ganz verschnoddert, der kriegt ja gar keine Luft mehr. Und hecheln tut er auch.«
Nele, deren Haare noch immer feucht waren, wickelte trotzdem bereitwillig das Tuch ab und wischte damit dem unglücklichen Tier über die verklebte Schnauze, während Trixi ihm mit einem Stück Pappe Kühlung zufächelte. Ein erleichtertes Bellen dankte den beiden, doch dann machte sich Elensul wieder bemerkbar.
»Jetzt habt ihr ihm geholfen, also kommt weiter. Wir finden das hier auch nicht so berauschend.«
Sie standen auf und setzten den winselnden Hund in den Schatten eines Hauses. Mit einem traurigen Blick verabschiedeten sie sich von ihm.
Sie waren jedoch kaum zehn Schritte gegangen, da hatte sie ihr Findling eingeholt und sich an ihre Fersen geheftet.
»Er scheint euch zu mögen. Also gut, dann nehmt ihn mit«, erlaubte Sulimo.
Endlich, nach zwei weiteren Straßenzügen, hatten sie die Bürogegend verlassen und kamen nun in ein Industriegebiet.
»Wir müssen dort drüben über das Werksgelände, hier ist der Eingang.«

»Ist das hässlich hier!«
Nele schüttelte sich. In ihrem bisherigen Leben war sie mit Fabriken und Werkshallen noch nicht in Berührung gekommen, obwohl sie wusste, dass ihr Vater in einer solchen Firma arbeitete. Trixi hatte da schon mehr Erfahrung, sie hatte zumindest ihren Vater schon einmal an seinem Arbeitsplatz besucht. Tapfer trabte sie hinter den vorausflatternden Elfen her und ermunterte auch Nele zum Weitergehen. Fluffy, wie sie kurzerhand den Hund genannt hatten, rannte mit fliegenden Ohren neben ihnen her.
Graue Betonmauern versperrten ihnen rechts und links die Sicht, Kabelgirlanden schwankten über ihnen, Rohrleitungen zogen sich an den Wänden entlang, und aus Überdruckventilen entwich zischend übel riechender Dampf. Sie beeilten sich, um dieser trostlosen Umgebung zu entkommen, doch ziemlich plötzlich mussten sie ihren zügigen Marsch verlangsamen, denn heftige Hustenanfälle schüttelten sie. Dazu fingen ihre Augen an zu brennen und zu tränen. Schniefend und hustend hielten die Mädchen sich die Zipfel des noch immer etwas feuchten Handtuchs vor Mund und Nase und rieben sich die Augen. Auch Fluffy blieb nicht verschont, und Nele barg ihn kurzerhand unter ihrer Bluse.
»Das ist ja furchtbar, das ist ja ätzend!«, keuchte Nele, und Trixi antwortete heiser: »Im wahrsten Sinne des Wortes!«
Je weiter sie gingen, desto schlimmer wurde ihre Atemnot. Bis Trixi plötzlich aufschrie: »Da vorne, da kommt was raus! Sieh mal, wie gelbes Gas. Das muss man doch abstellen!«
»Keine Zeit, ihr Lieben!«
Sulimo wedelte heftig mit seinen Flügeln, um sich vor dem Gas zu schützen. Aber Trixi blieb hartnäckig.
»Ich sehe doch den Hahn, den man zudrehen muss. So viel Zeit ist noch!«
Mit diesen Worten sprang sie in Richtung Rohrleitung, und mit etwas Mühe bewegte sie das Handrad. Das beißende Gas hörte auf zu strömen.
»Klasse, Trixi«, schnaufte Nele und nahm das Tuch vom Gesicht. Allmählich ließ das Brennen in Nase, Mund und Augen nach. Nach kurzer Zeit hatten sie auch den Werkszaun erreicht und kamen auf freies Feld.

Besonders schön war es hier allerdings auch nicht, denn das Gras war staubig, die wenigen Bäume waren zum Teil entlaubt, und das Sonnenlicht lag wie eine Glasglocke über dem Land. Der Himmel wirkte schmutzig und diesig. Klebriger Schweiß rann den Mädchen von der Stirn, und Fluffy hing die Zunge weit aus dem Hals. Dann wurde der Boden trockener, sandiger, und das Gras wuchs nur noch in einzelnen Büscheln. Außerdem ging es bergauf.

»Uff, ist das anstrengend. Ihr Elfen habt's gut, ihr müsst nicht durch den Sand waten«, stöhnte Nele und nahm den erschöpften Fluffy unter ihre Bluse.

»Los, los, gleich habt ihr es geschafft!«

Rutschend und nach Luft schnappend kämpften sich die beiden Freundinnen weiter. Am Himmel hatten sich dunkelgraue Wolken gebildet und senkten sich über das karge Land.

»Sieht aus wie ein Gewitter«, stieß Nele schnaufend hervor. »Ich hab Angst vor Gewitter.«

Inzwischen war der Wind zum Sturm geworden, und die aufgewirbelten Sandkörner stachen schmerzhaft in die bloße Haut an Armen, Beinen und vor allem ins Gesicht. Wieder musste das Tuch herhalten, und Seite an Seite mühten sich Trixi und Nele den Abhang hinauf. Fluffy winselte und jammerte.

Dann brach das Gewitter los. Ein greller Blitz blendete sie kurzzeitig, dann krachte ein Donnerschlag los, der die Erde unter ihren Füßen erbeben ließ.

»Nein, nein, nein, nein, nein!«, jammerte Nele und warf sich zu Boden. »Ich will nicht mehr. Ich hab ja solche Angst!«

Noch ein Donner grollte den Himmel entlang, es zuckte durch die drohende Finsternis. Die beiden Elfen waren nur zu erkennen, wenn die feurigen Blitze sich in ihren schillernden Flügeln spiegelten. Sie flatterten über den zusammengesunkenen Mädchen gegen den Sturm an und fühlten sich ganz offensichtlich ausgesprochen wohl.

»Was seid ihr nur für unmögliche Geschöpfe?«, brüllte Trixi gegen das Tosen des Windes an und legte ihren Arm um die zitternde Nele.

»Wetterelfen, Trixi-Mäuschen! Wir finden das schöööön. Kommt weiter, ihr könnt nicht ewig hier liegen bleiben. Er wartet auf euch!«

Trixi redete Nele gut zu, Fluffy leckte ihr die Nase, und endlich raffte sie sich auf, die letzten Schritte nach oben zu machen. Kaum hatten sie die Anhöhe erreicht, verhallte der Donner, und es wurde heller. Staunend standen die beiden Mädchen auf einer riesigen Sanddüne und schauten über den weit geschwungenen Strand zu ihren Füßen. Da brauste das Meer, und mit weiß leuchtenden Schaumkronen rollten Wellen an das sandige Ufer. Salzige Gischt wurde vom Wind bis zu ihnen hochgetragen, Möwen stießen ihr schadenfrohes Gelächter aus und ließen sich durch die Luft wirbeln.

Die düsteren Wolken zerrissen, ein dünner, blauer Riss tat sich auf, erweiterte sich, und ein Sonnenstrahl fiel auf die schiefergrauen Wogen. Der Wind war noch immer ziemlich stark, doch die Luft schmeckte sauber. Erleichtert atmeten Trixi und Nele tief ein und nahmen beglückt wahr, wie sich ihre Lungen weiteten. Wie ein Prickeln fühlte es sich an, und in die salzige, reine Meeresbrise mischte sich der Duft von Strandnelken und Kiefernadeln.

»Ist das schön hier. Und wie das riecht!«

Trixi streckte ihre Arme dem Wind entgegen und sog die Luft ein. Über ihnen war jetzt der Himmel ganz aufgerissen. In dem klaren Blau türmten sich strahlend weiße Schlösser und Burgen auf und bildeten an ihren Rändern lang gezogene Federn. Dazwischen aber wirbelte eine einzelne Wolke näher und näher.

Der Wolkenwirbel senkte sich über dem Strand, schwebte zur Düne, und mit ehrfürchtigem Staunen erkannten Nele und Trixi in der Mitte des Wirbels einen weiß gekleideten Mann. Federleicht wogten und wallten seine silbrigweißen Gewänder, silbrig umfloss ihn sein langes Haar, und seine hellen Augen leuchteten in einem zeitlosen Gesicht von überirdischer Weisheit. Das Lächeln, das er den Mädchen schenkte, war freundlich und einladend.

»Nun, Trixi und Nele? Meine beiden Helfer haben euch einen schwierigen Weg gehen lassen, nicht wahr?«

Es war die ängstliche Nele, die als Erste ihre Stimme wiederfand.

»Ja, Herr. Wir haben viel Angst gehabt. Bitte, wo sind wir hier?«

»In meinem Heim, Kinder. Ich bin der Herr der Lüfte, Meneltar ist mein Name. Habt keine Angst, ihr werdet zur rechten Zeit zurückkehren. Und nun berichtet mir von eurem Spaziergang.«
Es war das aufmunternde Nicken, das Nele zum Sprechen anregte.
»Ich glaube, wir haben gemerkt, wie wichtig frische Luft ist. In der Stadt war es furchtbar. Und in der Fabrik haben uns die Augen gebrannt. Ich glaube, da war sogar das Gewitter noch besser!«
»Ja, das glaube ich auch. Es hat die Luft gereinigt.«
»Wir haben die Luft auch verschmutzt mit unseren Spraydosen, nicht wahr? Darum haben uns die Elfen zu Ihnen geführt.«
Erfreut über Trixis Antwort streckte Meneltar die Hand aus, und ein süßer Hauch von Rosenduft breitete sich aus.
»Ebenso wenig, wie man mit dem Feuer spielen darf, darf man auch mit der Luft spielen«, mahnte der Herr der Lüfte.
»Heißt das, dass wir nie wieder Spray verwenden dürfen?«
Nele, die etwas eitel war, hatte ein kleines bisschen Trotz in ihrer Stimme.
»Nun, das bleibt euch natürlich überlassen. Ihr dürft es weiterhin, aber ihr könnt nie wieder sagen, dass ihr nicht wisst, was ihr damit der Luft antut. Wie bei vielen anderen Dingen auch. Und damit ihr immer daran denkt, gebe ich jeder von euch dieses hier zur Erinnerung.«
Meneltar legte in die Hände der beiden Mädchen je einen glasklaren Edelstein in der Farbe des Himmels, so wie er nach einem reinigenden Gewitter leuchtet. Doch als die beiden sich bedanken wollten, wirbelte die Wolke schon wieder über der Düne, und sie sahen nur noch, wie in den silbrigweißen Schleiern, die um den Herren der Lüfte wehten, ein fröhliches Lächeln aufblitzte.
»Trixi, Trixi, wach auf, deine Eltern sind gerade gekommen!«
Nele stupste ihre Freundin an, die ausgestreckt auf der Bank im Gartenhäuschen lag. Sie selbst war erst wenige Sekunden in

der gleichen Stellung von dem Geräusch des ankommenden Autos aufgewacht.
»Mhhh … Ach, muss ich? Es war so schön am Meer!«
Trixi schlug die Augen auf und sah sich um.
»Nele, ich hab geträumt, wir beide wären am Strand …«
»Auf einer Düne, nach dem Gewitter …«
»Du auch? Und die Elfen … und Fluffy …«
»Ja, ein seltsamer Traum.«
In ihre Erinnerungen versunken saßen die Freundinnen Seite an Seite, als sie plötzlich ein lustiges Bellen aufschreckte. Erstaunt sprangen sie beide auf und sahen am Gartenzaun einen kleinen Mischlingshund stehen, der fröhlich mit dem Schwanz wedelte.
»Fluffy? Fluffy!«
Der Hund sprang am Zaun hoch. Nele stand auf, und in dem Moment rutschte etwas von ihrem Schoß zu Boden und klapperte leise. Sie sah nach unten und fand einen blauen, klaren Stein.
Und auch Trixi hielt in ihrer Hand einen Kristall, durchsichtig und klar wie der Sommerhimmel nach einem Gewitter.

**Die Luft**

Schützt die Luft, den Hauch des Lebens,
denn atmen müsst ihr ja zeitlebens.
Der Vögel Raum und der Libellen,
nährt sie der Pflanzen grünes Blatt,
kreischt mal um Felsen, peitscht die Wellen,
liegt unter Wolken schwül und matt.
Und säuselt sie nur sanft durchs Laub,
trägt sie doch fort den Schmutz und Staub.

## Marentari – Die Dame vom See

Das Sonnenlicht fing sich im klaren Wasser. Über dem steinigen Grund huschten Fischchen und Kaulquappen hin und her. Manchmal kam ein dürres Blatt, ein Ästchen, ein Stückchen Rinde aus dem nahen Wald vorbeigeschwommen, drehte sich in den Wirbeln am moosigen Ufer, verweilte vielleicht eine Weile in den Lanzen des Schilfs und eilte dann auf den glitzernden Wellen weiter.
Dina war wie immer fasziniert vom Leben um den Bach, der so nahe an ihrem Elternhaus vorbeifloss. Daher verschwanden sie und ihr zwei Jahre älterer Bruder Patrick nach den Schulaufgaben besonders gerne hierhin, um an dem kleinen natürlichen See, den der Bach bildete, zu spielen. Besonders begeisterte sie der Wasserfall. Das Wasser ergoss sich aus etwa einem Meter Höhe über eine Felskante in diesen See. Wenn die Sonne schien, sprühten und funkelten die Tropfen wie Tausende von Juwelen.
Oft bastelten sie aus Gras und breitblättrigen Pflanzen Schiffe, die dann den gefahrvollen Weg über die Klippen nehmen musste oder sie bauten kleine Dämme aus Ästen und Moos, die jedoch bald von der Strömung fortgerissen wurden. Patrick hatte sogar schon einmal so etwas wie ein Wasserrad konstruiert, das ganze zwei Tage seinen Dienst getan hatte.
Heute allerdings hatte er weniger ein mechanisches als ein chemisches Experiment vor.
»Pass auf, Dina, heute machen wir Schaum. Ich hab von Muttis Waschmittel eine Tüte voll mitgenommen.« Patrick zog einen Plastikbeutel mit einem weißen Pulver aus der Tasche seines Anoraks. »Hah, das hier oben am Felsrand hinein, was meinst du, was das unten im Becken schäumt!«
Dina stand dem Unternehmen etwas skeptisch gegenüber.
»Meinst du, dass die Fische das mögen? Ich hab mal Seife in den Mund gekriegt, das hat scheußlich geschmeckt!«
»Ach was, Fische schmecken nichts. Du stellst dir immer viel zu viel vor!«
Dina wusste, dass sie ihren Bruder nicht hindern konnte. Wenn er sich etwas in den Kopf gesetzt hatte, führte er es auch wild entschlossen durch.

Sie sah betrübt zu, wie Schaumberge bald das ganze Becken bedeckten und sich dicke, weiße Flocken lösten, um von der Strömung weitergetrieben zu werden. Sie fingen sich am Ufer, wurden schmutzig und bildeten hässliche graubraune Krusten zwischen den Stängeln der Uferpflanzen. Ein paar Frösche brachten sich quakend in Sicherheit, die Fischchen hingegen konnten sich nicht so leicht retten. Schon schwammen einige mit ihrem silbrigen Bauch nach oben gekehrt in den noch immer schäumenden Fluten. Dina versuchte mit der Hand den Schaum von ihnen wegzuhalten, aber sie konnte den Fischen nicht mehr helfen.

Patrick hingegen war noch ganz vom Erfolg seines Experimentes hingerissen und schlug vor: »Komm, wir gehen ein Stück weiter in die Wiese und sehen, wie weit der Schaum kommt!«

Nicht sehr begeistert folgte ihm seine Schwester. Sie bahnten sich vorsichtig den Weg durch die scharfkantigen Blätter des Schilfes am Ufer.

»Ihr beide wart das also. Na wartet!«, drohte ihnen plötzlich eine Stimme.

»Was war das, Patrick? Ist hier jemand?« Dina sah sich verdutzt und ein bisschen ängstlich um.

»Wir sind das! Die Wächter von Schilf und Bach! Hier oben, ihr zwei hässlichen Menschenkinder.«

Die Geschwister drehten sich um und sahen, wie sich zwei Gestalten zwischen den Schilfhalmen wiegten. Auf den ersten Blick waren sie schwer zu erkennen. Sie hatten grüne Gewänder an, die sie blauschattig und wasserschimmernd umflossen, so dass sie eins mit der Umgebung zu sein schienen. Unter den grüngoldenen Haaren lugten spitze Öhrchen hervor, und Libellenflügel schillerten auf ihrem Rücken.

»Was habt ihr für einen Grund, das Wasser schmutzig zu machen?«, fauchte einer der Elfen die beiden Kinder an.

Patrick gelang es nicht so recht, seinen Schrecken nieder-

zukämpfen, und antwortete deshalb aufsässig: »Das geht dich nichts an!« Und zu seiner Schwester: »Komm, Dina, wir gehen hier weg.«
»Ihr geht nicht weg!«
»Wie willst du uns denn daran hindern, du komischer Wicht?«
»Wicht? Wasserelfen sind wir. Und hindern werde ich euch – da werdet ihr staunen – so!«
Ein leises Rascheln war zu hören, und das Schilf bog seine schneidend scharfen Halme zu einem festen Geflecht zusammen. Wie wenig es möglich war, hier durchzukommen, musste Patrick schmerzhaft feststellen, als er sich beim Auseinanderbiegen der Halme blutige Schnitte an den Fingern holte.
»Bekommen wir jetzt eine Antwort?«
Patrick hatte noch immer Angst und war verstockt, aber Dina, die eher verwundert als ängstlich war, nahm die Schuld schwesterlich auf sich.
»Weil es Spaß gemacht hat«, flüsterte sie leise.
»So, Spaß hat es euch gemacht, dass die Fische sterben, die Wasserpflanzen eingehen, die Frösche Halsweh bekommen und der Dreck das Ufer verschandelt. Na prima! Dann wollen wir mal sehen, wie weit ihr unseren Spaß versteht. Ihr begleitet uns zur Dame vom See, dort werdet ihr hören, was sie dazu zu sagen hat.«
»Dina, warum hast du das gesagt? Jetzt haben wir die Bescherung!«
Dina war ein mutiges Mädchen, auch wenn ihr Bruder gerne den Überlegenen spielte. Ab einem gewissen Punkt ließ sie sich nichts mehr von ihm gefallen.
»Die Bescherung hast du schon vorher angerichtet!«, sagte sie ganz nüchtern. Und das sah Patrick, nach kurzem Überlegen, sogar ein.
»Na gut, ich hab etwas Waschpulver in den Bach geschüttet, aber was ist denn schon so Schlimmes dabei? Das Wasser spült das doch wieder weg. Ich verspreche euch, das nicht wieder zu machen, o.k.?«
»Menschenjunge, es ist ja ganz nett, dass du dich entschuldigst, aber trotzdem wirst du mit uns kommen.«
Dina und Patrick konnten sich nicht wehren, das Schilf gab nur einen Weg frei, und sie mussten den Elfen folgen.

»Und wie kommen wir zur Dame vom See, ihr seltsamen Elfen?«
Die andere Elfe, die mädchenhafter wirkte als der zornige Elf, der bislang das Wort geführt hatte, zog einen Stab aus ihrem Gewand und richtete ihn erst auf die Kinder, dann nach Westen, wo zwischen dem Unterholz ein schmaler Pfad begann.
»Da lang, ihr Süßen. Und da wir eine lange, lange Strecke gemeinsam gehen werden, stellen wir uns besser mal vor. Das ist Nimros, mein Bruder, und ich bin Nimwen. So, und jetzt auf!«
»Wir müssen aber zum Abendessen zurück sein!«, gab Patrick zu bedenken.
»Soso? Dann beeilt euch ein bisschen!«
Flirrend und flatternd verschwanden die beiden Elfen im Unterholz, und die beiden Kinder folgten ihnen. Zunächst war der Weg noch bekannt. In der Ferne sah man den Kirchturm, den Schornstein, die Masten der Überlandleitung. Doch schon bald führte der Pfad tief in den Wald. Dunkelgrüne Tannenzweige schluckten das Sonnenlicht, und sie verloren die Orientierung. Sie wussten nur, dass sie sich entlang des Bachlaufes in Richtung seiner Quelle bewegten.

»Ich weiß nicht mehr, wo wir sind, Patrick. Du?«
»N ... nein. Aber was sollen wir machen? Da vorne fliegen sie.«
Sie wanderten schweigend weiter, bis Dina plötzlich lauschend innehielt.
»Was ist denn nun schon wieder?« Nimros drehte sich ungehalten um und schwirrte um sie herum.
»Da schreit was. Wie Weinen. Ob das ein Tier ist?«
»Warum interessiert dich das? Wir müssen weiter.«
Fügsam machte Dina ein paar Schritte, aber dann zupfte sie ihren Bruder am Ärmel: »Hörst du das nicht auch?«
Patrick lauschte und nickte: »Wie ein Tier, das Schmerzen hat.«

Beide Kinder waren sehr tierlieb und hatten einen ganzen Zoo zu Hause: zwei Katzen, einen Hund, ein Meerschweinchen und drei Hamster. Darum war es mehr als verständlich, dass sie die beiden Elfen baten, nach dem verletzten Tier suchen zu dürfen.
»Ihr wollt zum Abendessen zurück sein! Wenn ihr jetzt Zeit vergeudet, müsst ihr rennen.«
Nimros machte ein sehr grimmiges Gesicht, aber Dina blieb entschlossen.
»Ich mag nicht, wenn Tieren was weh tut. Es ist ganz in der Nähe.«
Sie lauschte noch einmal und ging dann zielstrebig nach rechts, wo sie wenige Schritte entfernt einen kleinen Hasen in einer hässlichen Eisenfalle fand. Er war mit dem Hinterlauf zwischen den Metallzähnen eingeklemmt und gab leise Schmerzenslaute von sich.
»Patrick, bekommst du die Falle auf?«, wandte Dina sich Hilfe suchend um. Patrick, ganz der überlegene Mechaniker, meinte nur: »Klar. Halt du das Häschen fest.«
So ganz einfach war es dann doch nicht, ja, Patrick verletzte sich nur mit knapper Not nicht selbst, als er die Falle aufbog. Doch schließlich hielt Dina das angststarre Häschen im Arm.
»Ach je, das blutet ja fürchterlich. Wir müssen zum Bach und das Bein waschen, Patrick.«
Sie achtete nicht auf Nimros' Drängen weiterzugehen, sondern lief in Richtung Bächlein, das hier durch den Wald sauber und klar floss. Als das kalte Wasser das verletzte Bein umspülte, begann das Häschen zu zappeln, aber Dina war den Umgang

mit Tieren gewöhnt und hielt es sanft, aber bestimmt fest. Patrick beobachtete sie und meinte verständnisvoll: »Wir müssen es verbinden. Aber ich hab nur Papiertaschentücher dabei.«

»Wir können mein Haarband nehmen. Halt mal.«

Mit ein paar Griffen hatte Dina das rote Tuch aufgeknotet, das sie um ihren kurzen Pferdeschwanz gebunden hatte. Sie legte es zu einem Band zusammen und wickelte es mit mehr Fürsorge als Fachkunde um das Hasenbein. Immerhin schien sich das Tier einigermaßen zu beruhigen, und sie barg es vorsichtig in der großen Bauchtasche ihres Sweatshirts.

»Jetzt siehst du aus wie eine Kängurumutter«, kicherte Patrick. Sie sahen nicht, dass die beiden Elfen sich lächelnd zunickten, sondern hörten nur, dass sie weitergehen sollten. Sie schritten zügig aus und näherten sich allmählich dem Waldrand.

»Puh, können wir nicht etwas langsamer gehen, ich kann nicht mehr!«

»Wir haben es eilig, Dina! Auf, auf!«

Schnaufend folgte sie den Elfen und ihrem Bruder. Die letzten Bäume lagen hinter ihnen, und auch der plätschernde Bach hatte sich verändert. Sie gingen jetzt an einem ausgetrockneten Bachlauf entlang, dessen Ufer verdorrte Pflanzen säumten. Das Gras der Ebene war gelb und verbrannt, die Büsche ließen traurig die Blätter hängen. Keine Blume verschönerte mit ihren bunten Blüten das eintönige Gewoge trocken raschelnder Halme. Die lehmige Erde im Bachbett war ausgedörrt und rissig geworden, und es schien, dass kein Lebewesen in dieser trostlosen Landschaft existierte.

»Was ist denn hier passiert? Das sieht aber traurig aus, alles vertrocknet.«

Patrick blieb, ebenfalls heftig atmend, stehen.

»Weiter, weiter, was interessiert dich das? Du willst doch pünktlich dein Abendessen haben!«

Gehorsam setzte sich Patrick wieder in Trab. Dennoch, seine Betroffenheit und Neugier überwog.

»Warum ist das nur alles so trocken hier?«

»Weil … schnauf … der Bach weg ist, Dussel!«, klärte ihn Dina auf und blieb noch einmal heftig atmend stehen.

Patrick sah nach vorne und rief: »Da! Da ist etwas. Da hat etwas den Bach aufgestaut!«
»Weiter, Kinder! Wir haben es doch eilig.«
Nimros drohte mit dem Zeigefinger, aber diesmal war es Patrick, der darauf bestand, das Hindernis zu beseitigen. Er stürmte zu dem Wall, der sich aus Zweigen, Steinen, Moosbrocken und Pflanzenteilen gebildet hatte, und begann an den dicksten Ästen zu zerren.
»Dina, hilf mir mal, den kriege ich nicht alleine los!«
Dina zog ihr Sweatshirt mitsamt Häschen aus und drehte sich zu Nimwen um: »Passt du mal auf Eugen auf? Ich hab das Häschen Eugen genannt.«
Nimwen gab einen Laut von sich, der sehr einem Glucksen ähnelte, aber vermutlich ein mühsam verbissenes Lachen war, und nickte nur. Dina sah nicht den Blick, den sie mit ihrem Bruder Nimros tauschte.
Mit beiden Händen rissen die Geschwister Blätter, Holzstücke und Kiesel los, bis das Wasser genügend Kraft hatte, die Reste des Damms mit sich fortzuspülen und gurgelnd in das Bachbett zu fließen.
»So, jetzt können wir weiter, Nimros.«
»Na dann, im Laufschritt! Hopp, hopp!«
Das mit dem Laufschritt wurde nichts, denn das Gelände wurde felsig, und sie mussten klettern. Außerdem entfernten sie sich immer weiter von dem Bach, bis sie ihn nur noch weit unten zwischen den Felsen glitzern sehen konnten. Jetzt machte sich die Anstrengung des langen Wanderns bemerkbar, und die Kinder bekamen Durst. Vor allem Patrick litt sehr darunter.
»Kommen wir bald wieder an einen Bach oder See, Nimros? Ich verdurste gleich!«
»Das kann noch dauern!«
Mühsam trotteten sie weiter, doch kein Tropfen Feuchtigkeit war zu finden. Patrick schluckte trocken, und Dina wischte sich den Schweiß von der Stirn.
»Ich bin auch ziemlich durstig. Gibt es hier nirgends Wasser?«
»Doch, Wasser schon. Da vorne!«
Nimros wies auf eine schimmernde Fläche.
Das war der Antrieb, den die Kinder brauchten. Sie liefen auf

den Tümpel zu und blieben entsetzt davor stehen. Fauliger Gestank schlug ihnen entgegen. Öliger Schleim bedeckte die Oberfläche, und Schaumkrusten wie die, die sie selbst produziert hatten, hingen an den Ufern.
»Patrick, das kannst du nicht trinken. Das macht dich krank.«
»Ich hab aber solchen Durst! Igitt, schmeckt das ekelig. Pfui Teufel!«
Dina verzichtete auf einen Schluck aus der Kloake und litt weiter Durst. Und dieser Durst war dann auch bald nichts gegen die Bauchschmerzen, die ihr Bruder zu erleiden hatte. Stöhnend presste er die Hand auf den Magen, taumelte vorwärts und fiel dann auf die Knie, um sich zu erbrechen.
»Es ist nicht mehr weit! Auf! Los, ihr Goldkinder. Lasst die Dame vom See nicht warten.«
»Patrick kann nicht mehr, Nimros. Bitte, kann ich nicht alleine zu ihr gehen und mich entschuldigen?«
Dina hatte sich neben ihren Bruder gesetzt und strich ihm über den Kopf.
»Beide zusammen, oder wir lassen euch hier allein!«
»Ich … ich versuch's, Dina.«
Schwankend vor Schwäche kam Patrick wieder auf die Beine. Seine kleine Schwester stützte ihn mühsam, und so schleppten sie sich hinter den beiden Elfen her. Es schien ihnen eine Ewigkeit, bis der steinige Weg flacher wurde, und doch waren es nur wenige Schritte, die sie noch zu gehen hatte, bis sie sich auf einer wundervoll grünen Lichtung befanden, in deren Mitte smaragdfarben ein See leuchtete. Ermattet sanken die beiden Kinder am Ufer nieder. Sie schöpften mit beiden Händen das frische, reine Wasser und tranken, warfen ihre Schuhe und Strümpfe zur Seite und kühlten ihre schmerzenden Füße. Dina vergaß auch nicht, dem Häschen Eugen ein bisschen Wasser zu geben.
Endlich erholt, schauten sie sich um. Ihre beiden Begleiter schienen verschwunden zu sein. Doch dann sahen sie sie.
Unter einem mächtigen alten Weidenbaum, dessen Äste bis tief in das Wasser reichten, erwartete sie die Dame vom See. Sie war klein, ihr Gewand wehte silbrigblau im sanften Wind, und Perlen schimmerten wie Wassertropfen darin. Ihr dunkles Haar leuchtete im Sonnengeflirr der Weidenblätter, und ihre

vergissmeinnichtblauen Augen ruhten gütig auf den beiden Kindern.
»Die sieht nicht böse aus, Patrick«, flüsterte Dina atemlos.
»Ich bin auch nicht böse, Dina«, antwortete die Dame und winkte sie näher.
»Ich bin Marentari, und meine beiden Freunde Nimros und Nimwen haben euch auf einem klugen Weg zu mir geführt. Meint ihr nicht auch?«
Verlegen nickte Patrick.
»Was reines, frisches Wasser bedeutet, das ist euch jetzt bewusst geworden. Und vieles andere mehr. Nun, ihr habt die Prüfungen gut bestanden. Dina, bewahre du dir deine fürsorgliche Seele, dann wirst du immer die Kraft haben, dich im richtigen Moment gegen alle Widerstände durchzusetzen. Nimm dies zum Zeichen der Erinnerung.«
Marentari legte Dina eine Perle, eine Kugel aus Mondlicht und Tau, in ihre Hand. Dann wandte sie sich an Patrick: »Und du, mein Junge, der du alles über die Zusammenhänge in der Natur und ihre Wirksamkeiten lernen willst, brich ihre Gesetze nicht. Nutze die Kräfte, aber missbrauche sie nicht. Dieses soll dich stets daran erinnern.«
Und Patrick erhielt einen glasklaren Kiesel von Marentari.
Doch als Dina und Patrick sich bedanken wollten, schüttelte die Dame nur ihr Haupt, dass die Tröpfchen in ihren Haaren glitzerten, und schenkte ihnen noch ein Lächeln, das so alt war wie die Welt. Es war weise und gütig, und es verschwamm vor ihren Augen.
»Dina, Dina, wach auf!« Patrick zog sacht an Dinas Pferdeschwanz.
»Ich bin ja wach! Oh, Patrick, wo sind wir? Das ist doch unser Baum. Ich dachte …«
»Ich auch, Dina. Wir sind hier eingeschlafen. Es ist erst halb fünf.«
»Hast du … hast du auch geträumt …«
»Der Weg … ja, und die Elfen …«
»Und die Dame vom See …«
»Das ist gar nicht wirklich passiert?«
»Nein, Patrick, du hast gar nicht von dem schmutzigen Wasser getrunken, und ich habe das Häschen …«

In diesem Augenblick hoppelte ein Häschen fröhlich an ihnen vorbei, blieb kurz vor Dina sitzen, zwinkerte mit einem Auge und setzte dann seinen Weg fort.
»Hast du das gesehen?«
»Ja. Und Dina, hast du das gesehen?« Patrick öffnete seine Hand und zeigte ihr einen glasklaren Kiesel.
Erstaunt öffnete Dina ihre Hand und sah auf die Perle, schimmernd wie Mondlicht und Tau.

**Das Wasser**

Dieses sei das Ziel des Strebens:
Schützt das Wasser, Quell des Lebens!
Heim der Fische und der Frösche,
reinigt, löscht den Durst und kühlt,
nährt die Blumen, Bäume, Büsche,
plätschert, sprudelt aufgewühlt.
Spiegelt's auch des Mondlichts Schimmer
fließt es doch und ruhet nimmer.

## Feanar – Der Herr des Feuers

Der trockene Sommer hatte das Gras gedörrt, und die Wiese war bereits gelb geworden. Dahinter begann der Wald, an dessen Rand vereinzelt Gesträuch stand. Im Frühjahr waren die Blüten des Ginsters gelb entflammt, doch nun war er verblüht und streckte seine dürren Zweige der sinkenden Sonne entgegen. Vor dem Ginster standen zwei alte Obstbäume, knorrig und windschief, mit starken Ästen, die bis fast zum Boden reichten. Sehr verführerisch waren diese Äste, man konnte sie leicht erklettern, sich im dichten Laub verbergen und dennoch einen prächtigen Überblick über die Gegend bewahren. Seit Jahren dienten diese beiden Bäume den Kindern als Versteck. Die Baumhäuser sahen jeden Sommer anders aus, je nach erreichbaren Materialien und dem handwerklichen Geschick ihrer Bewohner. In diesem Jahr war es eine Plattform, auf der ein beinahe perfektes Blockhaus stand, mit drei Seitenwänden und einem fast wasserdichten Schutzdach. Niko und Manfred hatten gesägt, gehämmert und gebohrt, um diesen Unterschlupf zu bauen. Fertig wurde er zwar nie, denn jedes Mal, wenn sie sich dort trafen, gab es etwas zu verbessern.

Nur heute waren ihnen endgültig die Ideen ausgegangen. Ein bisschen gelangweilt saßen sie im Baum und schauten über die Wiese. Keine feindliche Rothaut näherte sich, keine durchgehende Herde Bisons rüttelte am Stamm, noch nicht einmal ein einsamer Reiter näherte sich mit drohend angelegtem Gewehr. Das Einzige, was sich bewegte, war die Sonne, die glutrot am Horizont unterging. Ihr letztes Aufleuchten brachte Manfred auf die Idee.

»Niko, komm, wir machen ein Lagerfeuer!«

»Hier oben? Spinnst du?«

»Quatsch, unter dem Baum. So eins, das nicht qualmt, damit die Feinde es nicht bemerken. Das hab ich mal gelesen, da muss man die Zweige so zusammenschieben. Komm, wir sammeln Holz!«

Sie hatten einen stattlichen Haufen zusammen, und Niko wühlte in seinen geräumigen Hosentaschen. Er war einer dieser Jungen, die immer alles Mögliche in ihren ausgebeulten Taschen ansammeln. Schwungvoll zog er die Schachtel Streich-

hölzer hervor, und entsprechend den großen Vorbildern aus dem Wilden Westen entzündeten die beiden ein Lagerfeuer, das bald lustig flackerte, aber auch kräftig qualmte. Zunächst stieg der Rauch beinahe senkrecht in die Höhe, doch mit der Dämmerung kam ein leichter Wind auf und trieb die Rauchschwaden Richtung Waldrand. Manfred musste hustend seinen Platz verlassen und sich auf die andere Seite setzen.
Die beiden Jungen schwiegen bald, und sie schauten in die Flammen, als plötzlich ein heftiger Windstoß in die Glut fuhr, brennende Rindenstückchen aufwirbelte und davontrug. Eines davon landete in den trockenen Zweigen eines nahen Ginsterbusches und entzündete ein Ästchen. Das Ästchen verbrannte, und die Flamme suchte neue Nahrung, fand ein weiteres Ästchen und noch eins und noch eins, und mit einem Mal stand der ganze Busch in lodernden Flammen.
»Manni, oh Gott, was machen wir nur? Wie das brennt!«
»Schnell weg hier! Los!« Manfred war aufgesprungen, aber Niko hielt ihn zurück.
»Nein, nein. Wir müssen das löschen!«
»Wie denn, du Depp. Draufspucken reicht da nicht mehr! Los, wenn wir schnell genug weg sind, kann uns keiner die Schuld geben.«

Manfred wollte Niko mit sich ziehen, aber eine energische Stimme gebot ihm Einhalt.
»Tickt ihr noch ganz richtig?«
Neben dem knisternden Ginster erschienen zwei Gestalten, die trotz ihrer geringen Größe vor Zorn zu glühen schienen. »Ihr bleibt hier! Und als Erstes tretet ihr das Lagerfeuer aus, damit nicht noch mehr Unglück geschieht.«
»Hach, guck mal, zwei Barbiepuppen, die sprechen können. Ey, Niko, das ist stark, was! Aber jetzt nix wie weg!« Manfred hatte vor Schreck viel zu laut und ungehobelt gesprochen und wollte jetzt endgültig fliehen.
»Ihr bleibt!«
»Wie willste uns denn daran hindern?«
»So!«
»Aua, das brennt! Aua, aua, aua! Meine Beine, meine Arme!«
»Und das sind nur Brennnesseln, Herzchen. Los, das Feuer austreten!«

Um die Jungen herum hatten sich Brennnesseln hoch aufgerichtet und streiften bei jeder Bewegung die nackten Beine der beiden. Niko war etwas einsichtiger als Manfred und wandte sich dem Lagerfeuer zu. Mit seinen dicken Basketballstiefeln trat er die beinahe heruntergebrannten Flammen aus und beobachtete dann, wie sich das Feuer in dem Ginsterbusch langsam verzehrte, so dass nur noch die geschwärzten Zweige übrig blieben.

»Seht ihr? Nichts passiert. Ist das jetzt in Ordnung?«
»Nein. Es gibt da jemanden, der mit euch sprechen möchte! Zu dem folgt ihr zwei uns jetzt!«
Niko beobachtete die beiden zierlichen Wesen mit dem herrischen Auftreten gleichzeitig neugierig und erheitert. Sie sahen eigentlich wirklich niedlich aus, zwei Mädchen, eines mit goldblonden, langen Haaren, das andere mit flammend roten Haaren, beide jedoch in graue, fast schwebende Stoffe gekleidet und mit schillernden Libellenflügeln auf dem Rücken. Er fragte verwundert: »Wer seid ihr eigentlich?«
»Feuerelfen, wir wachen über die trockenen Gräser und Büsche. So, und jetzt auf, ihr traurigen Tröpfe, wir haben einen weiten Weg vor uns.«
Der immer logisch denkende Manfred, der die Existenz von Elfen sicher geleugnet hätte, würden sie jetzt nicht so ungeheuer leibhaftig vor ihm stehen, machte den Fehler, sich zu widersetzen.
»Komm, Niko«, sagte er wieder etwas zu laut, »was für ein Blödsinn. Wir lassen uns doch von zwei so abgedrehten Mädchen nichts sagen. Lass uns endlich gehen.«
Klatsch! Ein paar saftige Brennnesselblätter schlugen ihm über die Waden, so dass er vor Schmerz Bocksprünge machte.
Niko beobachtete ihn und meinte: »Manni, komm, wir gehen mit. Aber wir müssen um neun zu Hause sein. Da gibt's eine Serie im Fernsehen.«
»Dann müsst ihr euch eben ein bisschen beeilen. Los geht's!«
Die langhaarige Elfe deutete mit einem Stab erst auf die beiden Jungen, dann in den Wald. Manfred grummelte vor sich hin, aber einen weiteren Kontakt mit den Brennnesseln wollte er lieber vermeiden. Also trottete er missmutig hinter Niko her, der eher neugierig den vorausflatternden Elfen folgte. Sie

führten die beiden Freunde schweigend durch das immer höher werdende Gras, bis sie schon bald jedes Gefühl für Zeit und Richtung verloren. Schließlich wollte Niko wissen, woran er war.

»Wohin führt ihr uns? Und, außerdem, wie heißt ihr zwei eigentlich?«

Die rothaarige Elfe drehte sich um und flatterte einen Moment auf der Stelle.

»Eigentlich müsste ich ja sagen, das werdet ihr schon sehen, aber ich will mal nicht so sein. Ich bin Narwen, und das ist Elenar. Wir bringen euch zum Herren des Feuers. So, und jetzt weiter.«

Die beiden Elfen Narwen und Elenar legten ein gutes Tempo vor, so dass Niko und Manfred einigermaßen ins Schwitzen kamen. Das Grasland ging in einen Wald über, aber kurz darauf schlug ihnen scharfer Brandgeruch entgegen. In der mondbeschienenen Ebene ragten die schwarzen Gerippe verkohlter Bäume in den Nachthimmel.

»Hier hat es aber furchtbar gebrannt!«, entfuhr es Manfred.

»Wie das stinkt! Müssen wir wirklich da durch?«

»Zimperheini!«

Beleidigt und noch verunsicherter setzte Manfred also weiter Fuß vor Fuß. Sein Unbehagen wurde noch dadurch verstärkt, dass er einen gewaltigen Hunger verspürte. Immer häufiger sah er sich suchend um, ob nicht wenigstens ein Brombeerbusch mit seinen Beeren verschont geblieben war. Aber da war nichts mehr, nur Asche und totes Holz. Auch Niko war inzwischen hungrig geworden, er hatte allerdings noch einen Müsliriegel in seiner Tasche, den er gerade herausholte. Manfred, der das beobachtete, forderte: »Gib her, ich bin hungrig!«

»Das ist aber meiner!«

»Und so was will ein Freund sein! Komm, her damit!« Manfred streckte seine Hand aus, aber Niko entzog ihm den Riegel.

»Hihihi, guck mal, sie streiten sich!«

Kichernd umschwirrten die beiden Elfen die Jungen, zwischen denen sich eine regelrechte Balgerei entwickelte. Keuchend rollten die beiden sich auf der aschebedeckten Erde, boxten, drehten sich die Gelenke um, kämpften verbissen um den langsam zerbröselnden Müsliriegel.

»Hau ihn aufs Auge! Beiß ihn in die Nase! Immer feste in den Bauch, dann hat er keinen Hunger mehr!«, feuerten die beiden Elfen die Raufer an. Doch es war mehr Zufall, dass Niko stolperte und mit der Brust auf eine Wurzel fiel. Er stöhnte auf, verdrehte die Augen und blieb bewegungslos liegen.
»Siehste, jetzt kannst du den Riegel ganz alleine essen!«, feixte Elenar und wies auf die staubigen Krümel, die verstreut im Dreck lagen.
Manfred allerdings war ganz plötzlich zur Besinnung gekommen. Entsetzt sah er auf den neben sich liegenden Niko und beugte sich über ihn.
»Niko! Niko, wach auf. Oh Mann, das wollte ich nicht! Niko!«
Vorsichtig hob er Nikos Oberkörper hoch und stützte ihn. Das brachte seinen Freund wieder zu sich. Pfeifend sog Niko den Atem ein und öffnete die Augen.
»Niko, entschuldige. Geht's wieder?«
»Bin k.o. gegangen. Irgendeine Wurzel oder so.« Niko hustete ein paarmal. »War nicht deine Schuld, Manni!«
»Mensch, Niko, was bin ich ein Trottel. Schlag ich mich mit meinem besten Freund um so 'nen schäbigen Müsliriegel.«
Die beiden waren so in ihre Versöhnung vertieft, dass sie den anerkennenden Blick nicht sahen, den Elenar und Narwen miteinander wechselten.
»So, jetzt wieder dicke Freundschaft, ihr Schätzchen? Dann etwas hurtig weiter. Ihr wolltet doch pünktlich zum Fernsehen nach Hause!«
Mühsam rappelten sich die beiden Jungen auf und schlugen sich Staub und Asche aus den Kleidern. Dann folgten sie leicht humpelnd den beiden Elfen. Wenigstens hatten sie jetzt den verbrannten Wald hinter sich gelassen, doch dafür ging es steil bergauf. Sie hatten keine Zeit, an Hunger zu denken, denn der Boden war voller rutschigem Geröll und spitzen Steinen, und das Licht des vollen Mondes reichte gerade, um einige Schritte vorauszusehen. Außerdem wurde es windig und empfindlich kühl. Manfred und Niko, die nur kurzärmelige T-Shirts und schlabberige kurze Hosen trugen, begannen trotz der anstrengenden Kraxelei zu frieren.
»Ist es noch weit, Elenar?«, fragte Niko die vor ihm im Wind tanzende Elfe.

»Warum? Ist was?«
»I … i … ich fr … friere etwas«, bibberte der Junge und schlug sich die Arme um die Schultern. »Können wir da an der Höhle eine Pause machen?«
Die Luft pfiff inzwischen ausgesprochen eisig über die Felsen. Niko sah sich nach Manfred um, der mit blauen Lippen und zähneklappernd nickte.
»V … vielleicht können wir ein F … Feuer machen? Gott, ist das kalt hier!«
»Nur zu, ihr Helden, macht nur!«, riefen die beiden Elfen kichernd.
Manfred zerrte schon an einem vertrockneten Busch, und Niko sammelte herumliegende Zweige auf. Beladen mit ihrem Brennmaterial stürmten sie zu dem Felsüberhang, der einen gewissen Windschutz bot.
Niko hatte noch ein paar Zündhölzchen in der Tasche, aber diesmal achteten beide sehr darauf, wie sie das Feuer anlegten, damit der Wind es nicht ausblies, aber auch nicht zu den dürren Pflanzen trug, die sich an den Felsen festhielten, oder gar auf die windgezauste Kiefer, die neben ihnen schützend ihre Äste ausbreitete. Dicht aneinander gedrängt saßen sie dann vor dem Feuer und rieben sich die Hände über der Glut. Ob es nun daran lag, dass der Wind nachließ oder die Wärme des Feuers ausreichte, jedenfalls fühlten sie sich schon nach kurzer Zeit erheblich besser. Aber schon machten sich Elenar und Narwen wieder bemerkbar. Sie schwebten im silbrigen Mondlicht, kaum erkennbar in ihren schattenfarbenen Gewändern. Nur in ihren Flügeln spiegelte sich dann und wann ein Fünkchen, und dann blitzte es auf wie zahllose Edelsteinchen. Die Elfenmädchen waren wunderschön anzusehen, und selbst Manfred war fast versucht, einen bewundernden Laut von sich zu geben, wenn nicht Narwen, ganz im Gegensatz zu ihrem bezaubernden Aussehen, barsch gefordert hätte: »Hoch mit dem Hintern, ihr Hübschen. Jetzt durch die Höhle!«
»Die haben Sprüche drauf«, murmelte Manfred und sah Narwen schief von unten an, gewärtig, dass sofort ein Brennnesselblatt über seine Wange peitschte. Aber nichts dergleichen geschah. Nur der Stab in ihrer Hand wies befehlend zum dun-

klen Höhleneingang. Niko und er erhoben sich, traten die letzte Glut aus, dann folgten sie den in der Dunkelheit leicht schimmernden Elfengestalten in das offene schwarze Maul des Felsens.
Die ersten Schritte beleuchtete noch der bleiche Mond, doch schon nach wenigen Metern umfing die Jungen tiefste Finsternis. Niko stieß sich den Kopf schmerzhaft an einem vorspringenden Felsen, Manfred stolperte und rutschte einen Abhang hinunter. Sein Schrei erfüllte die Höhle und schien sich in der Unendlichkeit zu verlieren.
»Manni, wo bist du? Ich kann nichts sehen!«, rief Niko voller Angst.
»Hier, hier unten! Hilf mir doch, Niko. Ich weiß nicht, wo ich bin, aber hier tropft irgendetwas. Niiiiko!«, klang es hohl von den Wänden. Und ein geisterhaftes Kichern ertönte von oben.
»Was machst du denn jetzt, Freundchen?«, hetzten die Elfenstimmen.
»Wir brauchen Licht!«, erklang Manfreds angstvolle Stimme von unten.
»Schlaues Bürschchen. Dann mach doch Licht an!«
Niko drehte sich um und stürzte zu dem fahl leuchtenden Rund des Eingangs. Er suchte ein möglichst großes Stück Holz und fand den herabgebrochenen Ast einer Bergkiefer, der harzig genug war, um dem Feuer Nahrung zu geben. Mit der schwarz qualmenden Fackel eilte er zurück in die Höhle und blieb nach einigen Schritten staunend stehen. Im Feuerschein schimmerten die feuchten Wände wie Glas, Steinkaskaden fielen in unergründliche Tiefen, Kristallschnee schien über mächtigen Säulen zu liegen, und ein weit geschwungener steinerner Faltenwurf hing von der zerklüfteten Decke.
»Ohhh, das ist ja eine Tropfsteinhöhle«, hörte man Manfred ausrufen, und im flackernden Lichtschein erschien er neben Niko. Die beiden Elfen erhoben sich von dem Stalagmiten, auf dem sie gesessen hatten, und fragten: »Können wir jetzt weiter? Uns ist es nämlich zu feucht hier!«
»Dann flattert mal vor, Mädels.«
Manfred hatte sich von seinem Sturz bereits wieder erholt, und wenn die Fackel auch nicht sehr hell war, so half sie ihnen doch, die schlimmsten Stolperfallen zu umgehen. Wie lange sie in

der Höhle waren, vermochten sie nicht zu beurteilen. Sie stiegen tiefer und tiefer hinab in den Bauch der Erde, bis dann ein fernes Licht erschien, lodernd wie ein Höllenfeuer. Näher und näher kamen sie dem tosenden Feuer, Funken sprühten auf wie kleine Kometen und hinterließen rot leuchtende Spuren in der Dunkelheit. Blaue Flämmchen zuckten an den Wänden entlang, und die weiße Glut im Zentrum des Feuers blendete ihre Augen.

Manfred und Niko blieben stehen. Es wurde heller und heller, bis das weiße Strahlen sie ganz umhüllte. Inmitten dieses Strahlens sahen sie plötzlich die Gestalt. In einem rot glänzenden Gewand, mit goldfunkelnden Augen und orangerot loderndem Haar stand der Herr des Feuers vor ihnen. Unwillkürlich fassten sich die beiden Freunde an den Händen und senkten den Kopf. Doch als sie wieder aufsahen, begegnete ihnen ein wissendes Lächeln.

»Ich bin Feanar, der Herr des Feuers. Elenar und Narwen haben euch auf meinen Wunsch hierher gebracht. Nun, ihr Menschenkinder, fandet ihr den Weg nicht interessant?«

»D … doch, sehr«, stammelte Manfred kleinlaut. Und Niko nickte.

»Nun, ich denke, ihr habt gelernt, was das Feuer für die Natur und die Menschen bedeutet. Es kann vernichten, wenn ihr fahrlässig damit umgeht, aber es kann euch helfen, wenn ihr es sorgfältig hütet. Niko, du hast gezeigt, dass du Manfred ein guter Kamerad bist, nicht Nachgiebigkeit ist der Sinn der Freundschaft, sondern den anderen auch gegen seinen Widerstand vor Fehlern und Schaden zu bewahren. Nimm zur Erinnerung an deine Reise diesen Stein.«

In Nikos zaghaft ausgestreckte Hand fiel ein rund geschliffener Opal, schwarz, doch zuckte in ihm ein rotes Feuer auf, wenn man ihn drehte.

Niko wollte etwas sagen, aber Feanar hatte sich schon zu Manfred gewandt: »Du, Junge, ja, auch du hast letztlich die Prüfungen bestanden. Doch hüte vor allem das Feuer, das in dir brennt. Gehst du nicht sorgsam damit um, wird Gier und Zorn deinen Weg erschweren. Bewachst du es jedoch und hältst es unter deiner Aufsicht, wird es dich weit voranbringen. Nimm diesen Kristall, der dich erinnern und mahnen soll.«

Ein klarer, roter Kristall lag in Manfreds Hand, und er schluckte verlegen. Aber als er etwas sagen wollte, hob der Herr des Feuers gebietend seine Hand und sah den beiden Jungen ernst, aber freundlich in die Augen. Erst als das grelle Licht ihn fast unsichtbar werden ließ, bildete sich ein verständnisvolles Lächeln in seinen Augenwinkeln.

»Niko! ... Niko! Wach auf, Niko!«

Niko schlug verwirrt die Augen auf und schüttelte den Kopf.

»Es ist ja so dunkel hier. Wo ... wo sind wir?«

»Unter unserem Baum. Ich weiß nicht, wir müssen eingeschlafen sein.«

Manfred saß neben Niko im Gras und wischte sich mit der Hand über das Gesicht. Dann fiel sein Blick auf die Brandspuren, und er schüttelte sich.

»Ich habe etwas völlig Verrücktes geträumt, Manni ... Von Elfen und einem Feuergeist.«

»Komisch, ich auch. Es war furchtbar, alles verbrannt, und ich war so hungrig ...«

»Ja, wir haben uns geschlagen, um einen Müsliriegel. Der hier in meiner Tasche ... Was ist denn das? Manni, ich ...«

Niko hatte den Müsliriegel aus seiner Tasche gezogen und starrte auf den schwarzen Opal in seiner Hand, in dem rot ein plötzliches Feuer aufblitzte.

Und Manfred starrte fassungslos auf seinen klaren, roten Kristall.

Ferne schlug die Kirchturmuhr neun klingende Schläge. Sehr, sehr nachdenklich gingen die beiden Freunde nach Hause.

**Das Feuer**

Das Feuer hüten sei dein Streben,
dann bewahrt es unser Leben!
Mal gart's dein Essen, wärmt die Räume,
mal brennt's zu Asche Hof und Haus,
frisst gierig sich durch grüne Bäume
und tötet Wälder, Reh und Maus.
Leuchtet's auch in dunkler Nacht,
braucht es doch der Menschen Wacht.

## Elli Elfis Zauberspruch

Die süße Elfe Elli Elfi ist wieder zu ihren Freunden weggeflattert, einzig ein zarter Blütenduft ist von ihr noch übrig. Aber sie hat mir für euch noch ein Geschenk dagelassen, ein ganz großes Geheimnis, das ich euch verraten darf.
Hier ist der absolut wirksame Zauberspruch, mit dem man Elfen bittet, sich zu zeigen. Man muss ihn im Freien zwischen Blumen aufsagen oder noch viel besser zu einer eigenen Melodie singen. Selbstverständlich wirkt er nur in der Abenddämmerung.

**Einladung an die Elfen**

Silberlocke, Seidenhaar,
kommt, die Schatten sind jetzt da!
Lilienherz und Fliederblum,
kommt heraus, der Tag ist um!
Kommt, die Gänseblumenhirten
werden euch mit Tau bewirten!
Kommt und findet euch zum Reigen!
Keine Angst, ich werde schweigen

# Engel am Krankenbett

**Angelo berichtet über seinen Chef, den Erzengel Raphael, der für die kranken Kinder zuständig ist, und erzählt, wie er ihnen hilft, schnell wieder gesund zu werden. Ganz wichtig ist dabei, dass man Vertrauen hat, die Krankheit zu überwinden.**

# Angelo und Dr. Raphael

Hier bin ich schon wieder, euer Angelo und ...Hapschie! Jetzt habe ich mir doch glatt einen Engelschnupfen geholt. Wahrscheinlich sollte ich mal kurz bei Dr. Raphael vorbeischauen.
Ihr kennt Raffa nicht? Oh, er gehört zu den vier wichtigen Erzengeln. Ich erzähle euch von ihm. Es ist so – wir normalen Engel und Schutzengel können schon eine ganze Menge Gutes für unsere Schützlinge bewirken, aber manchmal brauchen wir auch Unterstützung von den ganz hohen Herren, den Erzengeln. Die kümmern sich eigentlich um die großen Geschicke der Welt – Michael muss für Frieden und Harmonie sorgen, Gabriel für die Verständigung zwischen den Menschen und den verschiedenen höheren Mächten (seit letztem Jahrhundert putzt er auch die Nachrichtensatelliten), Uriel ist der Landschaftsgärtner unter den Erzengeln und kümmert sich um den Planeten Erde als Ganzes. Raphael aber ist der Spezialist in Gesundheitsfragen. Wenn wir persönlichen Engel nicht mehr weiterwissen, holen wir seinen Rat ein.

### Gute Besserung!

Wenn man krank ist, fühlt man sich meistens scheußlich, entweder tut einem irgendwas weh, oder einem ist zu heiß oder zu kalt, man kann nicht schlafen oder nicht wach werden, und vor allem kann es einem entsetzlich langweilig werden, wenn man immer nur im Bett liegen muss. Ich verstehe das völlig. Aber sowohl wir Engel als auch die Elfen können da meistens helfen. Wenn ihr uns vertraut und ein bisschen geduldig seid, dann sorgen wir dafür, dass ihr ganz schnell gesund werdet. Sogar, wenn ihr das nicht glauben wollt, sind wir da, und das merkt ihr immer dann, wenn ihr das Gefühl habt, ein wundervolles blaues Licht umgibt euch. Dieses Licht ist die Heilkraft. Hier kommen vier lange Geschichten, genau richtig zum Schmökern, wenn man im Bett liegen muss. Lasst euch was Leckeres zum Naschen dazu servieren, das macht glücklich. Und wer glücklich ist, wird schneller gesund.

## Engel Berts Heiligenschein

Marco wachte auf und fühlte sich grässlich. Irgendetwas tat weh, eigentlich ziemlich viel, und nichts fühlte sich so an wie morgens, wenn er in seinem Bett aufwachte. Mühsam öffnete er die Augen, und langsam kam die Erinnerung zurück. Das blaue Auto, schreiende Menschen, ein entsetzlicher Schmerz, etwas Leuchtendes, sehr Helles – und dann nichts mehr.

»Ich muss im Krankenhaus sein«, dachte er, und eine Stimme neben seinem Ohr sagte: »Stimmt, Marco!«

Marco war noch so benommen, dass er sich nicht darüber wunderte, dass jemand seine Gedanken gelesen hatte.

»Ich fühl mich mies, einfach schrecklich«, dachte er als Nächstes, nachdem er festgestellt hatte, dass sein rechter Arm, seine Rippen und der rechte Fuß verbunden waren und er so ziemlich überall Schrammen und Prellungen hatte.

»Entschuldige, Marco, tut mir entsetzlich Leid, aber besser ging es nicht«, sagte die Stimme neben ihm betrübt.

Diesmal machte sich Marco doch die Mühe, unter schweren Lidern zur Seite zu blinzeln. Da saß jemand, aber es war niemand, den er kannte. Ein Junge, vielleicht genauso groß wie er, aber ein Jungengesicht hatte er nicht.

»Wer bist du?«, flüsterte Marco mit Anstrengung.

»Pscht, nicht sprechen, ich verstehe dich auch so.«

»Der spinnt«, dachte Marco, und die Gestalt an seinem Bett sagte vernehmlich: »Aber nein. Tue ich nicht. Du merkst doch, dass es klappt.«

Nun ist es recht schwierig, seine Gedanken zum Schweigen zu bringen, und schon dachte Marco wieder darüber nach, wer denn da an seinem Bett saß.

»Ich bin der Engel Bert, dein Schutzengel.«

»Schutzengel? Ein schöner Schutzengel bist du!«, dachte Marco empört. »Ich bin von einem Auto angefahren worden, vielleicht hätte ich in der Situation einen Schutzengel brauchen können!«

Marco bewegte seinen schmerzenden Kopf mühsam, um sich den Engel Bert etwas genauer anzusehen. Der saß mit sorgsam zusammengefalteten Flügeln und reichlich geknickter Miene auf der Bettkante.

»Und überhaupt, wo warst du, als ich mir vor zwei Monaten den Fuß verstaucht oder als ich mir die Finger verbrannt habe? Oder als mich beinahe dieser große Hund gebissen hätte?«
Diese Auflistung von Vorwürfen hatte eine verblüffende Wirkung auf Bert. Er richtete sich aus seiner zusammengesunkenen Haltung auf und funkelte Marco an.
»Ich bin dein Schutzengel, das heißt aber nicht, dass ich dich vor allen Folgen deiner vorsätzlichen Dummheiten beschütze. Du hast die Bremsen von deinen Scates abmontiert, deshalb bist du hingefallen und hast dir den Fuß verknackst. Du hast im Garten gezündelt und dir dabei die Finger verbrannt. Du hast den Hund mit Steinen beworfen, deswegen ist er auf dich losgegangen.«
»Und heute bin ich vorsätzlich über die Straße gegangen, und deshalb hat mich das Auto erwischt. Du bist mir ein Witzbold.«
»Nein, so war das nicht gemeint. Dafür konntest du nichts.«

»Aber beschützt hast du mich trotzdem nicht«, schimpfte Marco in Gedanken, und wieder sackte der Engel Bert in sich zusammen.
»Mir tut alles weh, und ich werde bestimmt nicht wieder Fußball spielen können und Rad fahren und mit meinem Hund herumtoben und alles.«
Bert wurde womöglich noch kleiner und schniefte leise.
Beide versanken in ihre Traurigkeit, und eine Weile wechselten sie keinen Gedanken miteinander. Doch dann war es Marco, der merkte, dass irgendetwas mit seinem Besucher nicht stimmte.
»Was ist los, Berti, warum hängst du hier so traurig rum?«
»Weil ich dir so gerne helfen möchte und nicht kann.«
»Ja, warum denn nicht?«
»Sieh mich doch an!«
Marco betrachtete den Engel etwas genauer. Helles, ein bisschen schimmerndes Gewand, hübsche, flaumigweiße Flügel, am rechten ein hässlicher Schmutzstreifen, goldene Kringellocken und sonst nichts.
»Wo ist denn dein Heiligenschein geblieben? Haben Engel nicht immer so ein leuchtendes Dings um den Kopf?«
»Hab ich verloren. Deshalb kann ich mich ja auch nicht bei Raffa sehen lassen.«

»Wer ist Raffa?«, fragte Marco interessiert.
»Oh, Raphael, einer der Erzengel, unser Chef. Raffa ist Arzt, wenn du so willst. Er ist prima, wenn es ums Heilen geht.«
»Na toll, und ohne deinen Glitzerfrisbee kannst du nicht zu ihm gehen. Wird ja immer besser, du Schutzengel. Wo hast du das Teil denn verloren?«
Engelbert druckste, und plötzlich sah Marco wieder das leuchtende, helle Ding über die Straße rollen – das Letzte, was er gesehen hatte, bevor er das Bewusstsein verloren hatte. Mühsam, aber systematisch wiederholte er in seinen Gedanken den Unfall. Ja, er war über den Zebrastreifen gegangen, als die Ampel für ihn grün war. Das blaue Auto war wie aus dem Nichts erschienen, fuhr viel zu schnell. Er wollte noch springen, doch da wurde er schon hochgeschleudert und wäre ... und wäre mit dem Kopf vor dem Auto auf die Straße geschlagen, hätte ihn da nicht im letzten Moment eine Gestalt mit aller Kraft zur Seite gestoßen und seinen Kopf vor den Rädern gerettet. Dabei war diese leuchtende Scheibe an ihm vorbei in die Büsche geflogen.
Marco fühlte sich plötzlich ganz eigenartig, als er erkannte, dass der Engel Bert seinen Kopf für ihn hingehalten hatte. Eine Welle von Liebe und Vertrauen flutete aus seinem Herzen zu dem geknickt dreinblickenden Schutzengel hin, und er flüsterte ihm zu:
»Berti!«
»Pscht, du sollst nicht sprechen!«
»Dann hör meinen Gedanken wieder zu, Bert. Ich denke, wenn du in der Hecke vor dem Schulhof nachschaust, findest du deinen Kopfputz.«
Überrascht sah Bert auf: »Woher willst du das wissen?«
»Ich habe versucht, mich zu erinnern. Und, Bert, danke. Ich meine, ich bin ziemlich knapp davongekommen, was?«
»Ich war nicht schnell genug, tut mir Leid. Ich hätte ...!«
»Flatter los und hol deinen Heiligenschein.«
»Versprich mir, dass du hier ganz ruhig liegen bleibst und keine Dummheiten machst!«
»Versprochen, obwohl du ja für meine Dummheiten sowieso nicht zuständig bist«, gab ihm Marco mit einem winzigen Lächeln in den Augen zu verstehen. Dann atmete er einmal –

so tief es seine geprellten Rippen erlaubten – ein und sank in einen traumlosen Schlaf.

Ärzte kamen und gingen, Besucher standen stumm an seinem Bett, Schwestern kümmerten sich vorsichtig um ihn, doch in seinem Schlummer bemerkte Marco diese ganze Betriebsamkeit nicht. Erst tief in der Nacht, als der Engel Bert wieder an seinem Bett saß, wachte er auf.

»Du hast ihn gefunden!«, stellte er fest.

»Ja, und ich war auch bei Raffa. Er hat mir eine Medizin für dich mitgegeben. Bist du bereit, meine Behandlung über dich ergehen zu lassen?«

»Ja, Berti, ich vertraue dir. Auch wenn es weh tut.«

»Das wird es nicht, mein Freund. Glaub mir.«

Und Engelbert hob die Hände über Marcos schmerzenden Körper. Von diesem Moment an fühlte er sich von wundersam blauem Licht umgeben. Es umhüllte ihn wie eine weiche, warme Decke, schützte ihn, nahm ihm die Schmerzen und hinterließ das wohlige Gefühl von Frieden und innerer Heilung.

»Ganz erstaunliche Fortschritte hat der Junge gemacht. Ich kann mir das medizinisch kaum erklären«, sagte der Arzt am nächsten Tag zu den glücklichen Eltern, die sich darüber freuten, dass ihr Sohn trotz aller Schrammen auf dem Weg der Besserung war.

»Vielleicht sollten Sie auch mal Kurse bei Dr. Raphael nehmen!«, schlug Marco grinsend vor.

»Wer ist Dr. Raphael?«

»Oh, ein Freund von einem Freund!«, sagte Marco und biss in einen Berliner.

## Dein Engel

Ich kenn einen Engel, der gehört nur zu dir,
und wenn du ihn rufst, dann ist er gleich hier.
Er hört dich im Dunkeln, er hört dich bei Nacht.
Er hört, wenn man weint, er hört, wenn man lacht.
Er hört dich bei Sonnenschein und auch bei Regen,
wo immer du langläufst, auf allen Wegen.
Er kommt, wenn du krank bist, und macht dich gesund,
er vertreibt alles Schwarze und macht die Welt bunt.

## Rosenherz

»Du bist gemein, Tante Vera, gemein, gemein, gemein!« Bobbys Stimme überschlug sich, so wütend war er. »Grimmbart kann doch nichts dafür. Und du hast ihn hinausgejagt.«
Der kleine Junge war verzweifelt und wütend. Da war seinem alten Kater Grimmbart ein Missgeschick auf dem Wohnzimmerboden passiert, und leider hatte Tante Vera wenig Erfahrung mit Katzen. Darum löste sie mit ihrem Schimpfen ungeahnte Folgen aus.
Seit einem halben Jahr war Bobby bei seiner Tante. Es ging ihm nicht schlecht bei ihr. Er hatte ein eigenes Zimmer, alle seine Bücher, sein Scateboard, seine Zeichenstifte, einen eigenen Fernseher und seinen Kater bei sich. Obwohl Tante Vera vielleicht ungeschickt mit Katzen war, hatte sie Bobby doch lieb und verwöhnte ihn, wo sie nur konnte. Trotzdem, ihm fehlte seine Mutter. Denn Tante Vera hatte einfach nicht die Geduld, sich seine Geschichten anzuhören oder sie gar weiterzuspinnen. Mutti zum Beispiel hatte ihm anvertraut, dass es noch Elfen und Engel gebe und sie selbst eine der wenigen sei, die sie sehen könnte. Tante Vera dagegen forderte ihn stattdessen auf, doch mit seinen Freunden draußen spielen zu gehen.
Bobby gehorchte, und über seine Traurigkeit sprach er nicht, darum konnte man Tante Vera keinen Vorwurf machen. Aber er hatte den bösen Unfall noch nicht vergessen. Besonders schlimm war es nachts, wenn er in seinen Träumen wieder die Sirenen hörte und Muttis blasses Gesicht neben sich sah. Dann zweifelte er daran, dass es Wesen gab, die sie beide beschützten. Sie hatten ihnen damals nicht geholfen und halfen ihm jetzt auch nicht, glaubte er. So saß er gefangen in den schrecklichen Erinnerungen und durchlebte den Unfall immer und immer wieder. Nur Grimmbart, der half ihm ein wenig. Er legte sich auf seinen Schoß, sah ihn mit seinen alten, weisen Augen an und schnurrte dabei tröstend.
Grimmbart war schwarz, bis auf die beiden Söckchen an den Vorderpfoten. Die waren weiß und wurden immer besonders aufmerksam geputzt. Er sah in der Tat grimmig aus, der schwergewichtige Kater. Aber die Jahre hatten ihn müde gemacht, und seine Ausflüge waren sehr kurz geworden.

Bobby liebte ihn, wie er kein anderes Wesen liebte, und weil Tante Vera über ihn geschimpft hatte, war er weggelaufen und hatte die Haustüre laut zugeknallt.
Jetzt stand er draußen im Sonnenschein und würgte an seinen Gefühlen. Angst um Grimmbart, Wut auf Tante Vera, Hilflosigkeit und Verlassensein gaben eine trübe Brühe rabenschwarzer Verzweiflung. Er hatte nur einen einzigen Gedanken: Grimmbart wiederzufinden. Weit konnte der Kater ja nicht gekommen sein, er war nicht mehr so ausdauernd.
Also suchte Bobby zunächst im Garten. Viele Verstecke gab es dort nicht, aber er fand Grimmbart nicht. Bobby sah die Straße hinunter. Da war doch ... Oder täuschten Licht und Schatten? War das nicht ein schwarzer Schwanz, der dort zuckte? Bobby beeilte sich, den Kater einzuholen, aber er hatte sich wohl getäuscht, auf der Gartenmauer saß kein Grimmbart. Aber dort, am Wegesrand, wo es in die Felder ging, da lief doch der schwarze Kater?
»Grimmbart, komm zurück! Grimmbart!« rief Bobby, doch Grimmbart schien anderer Meinung zu sein. Er verschwand mit hoch aufgerichtetem Schwanz im Kornfeld. Noch immer rufend folgte Bobby ihm.
Es war schon seltsam, immer wieder wartete der schwarze Kater, bis Bobby ihn sah, ließ ihn aber nie näher herankommen. Bald hatte der Junge die Orientierung verloren. Ein Feld glich dem anderen, und die letzten Häuser waren hinter den wilden Hecken verschwunden. Bobby wäre gerne umgekehrt, aber seine Angst um Grimmbart gab ihm die Kraft, weiterzulaufen, obwohl vereinzelte Bäume schon lange Schatten warfen. Dann endeten die Felder, und ein kleines Gehölz bot sich als wunderbares Versteck für einen ausgerissenen Kater an. Bobby tappte durch das raschelnde Unterholz und stand plötzlich vor einem halb zerfallenen Zaun.
Noch einmal zuckte der Schwanz dahinter auf, verschwand unter einem Busch, und Bobby stieg über einen umgefallenen Pfosten. Voll Verwunderung stellte er fest, dass er sich in einem Garten befand. Aber was für ein Garten! Eine wilde Wiese mit sich wiegenden Gräsern breitete sich unter alten, knorrigen Bäumen aus. Es gab riesige Kleeblätter, zwischen denen rosa Blütenballen schwankten, Margeriten lugten mit ihren gelben

Augen aus dem Grün hervor, und korallenrot leuchtete der seidige Mohn. Der Rittersporn schien blaue Funken zu sprühen, Lupinen in Rosa, Rot, Lila und Blau standen wie Beifall klatschendes Gefolge neben den gelb lodernden Königskerzen. Eine dichte Hecke zog sich den Zaun entlang, die Bobby irgendwie ein Gefühl der Geborgenheit gab. Er bahnte sich vorsichtig seinen Weg durch das hohe Gras in Richtung der Bäume. Grimmbart hatte Bäume geliebt. Vielleicht fand er ihn dort, sorgfältig die Krallen an der Rinde wetzend.

Er fand ihn nicht, aber etwas anderes, was ihn kurzzeitig ablenkte. Die Äste der Bäume bogen sich unter der Last von dicken, fast schwarzen, glänzenden, saftigen Kirschen. Hungrig und vor allem durstig war Bobby, und er pflückte und aß und pflückte und aß. Bald war es dunkel, aber satt geworden setzte er sich zu Füßen des Baumes ins weiche Gras und dachte nach. In der Nacht würde er den Weg nicht zurückfinden, das war auf jeden Fall klar. Gut, Tante Vera würde sich sicher Sorgen machen, aber das geschah ihr nur recht. Außerdem war hier irgendwo Grimmbart in der Nähe. Ganz sicher würde er irgendwann zu ihm kommen, wenn er nur lange genug auf ihn wartete. Aufmerksam lauschte Bobby auf das vertraute Schnurren. Aber es erklangen nur die Geräusche der Nacht. Rascheln, müdes Zwitschern, das Knarren der alten Äste, eine Grille zirpte, ganz weit entfernt knatterte ein Motorrad über die Straße.

Die Nacht war warm, das Gras weich und Bobby müde. Er schlief ein.

Als er beim ersten Schimmer des Tages aufwachte, war er zunächst verwirrt, doch dann fiel ihm wieder ein, warum er hier war. Grimmbart! Doch Grimmbart war nicht zu ihm gekommen! Also reckte Bobby sich kräftig, schüttelte ein paar Blätter aus den Haaren und nahm seine Suche wieder auf. Im frühen Licht des Tages entdeckte er das Haus. Und er fand Grimmbart. Der alte Kater lag neben einem Lavendelbusch, die violetten Rispen schienen in seinem schwarzen Fell Lichter anzu-

zünden, die weißen Pfoten hatte er lang ausgestreckt, und sein dicker Kopf ruhte auf einem Mooskissen.
»Grimmbart, was machst du denn hier? Faulpelz!«, schimpfte Bobby zärtlich und leise, er wusste, dass man eine schlafende Katze nicht plötzlich wecken darf. Aber Grimmbart konnte man nicht mehr wecken. Die Seele des Katers hatte hier unter dem duftenden Lavendel ihren irdischen Körper verlassen. Bobby, der den leblosen Leib umarmt hielt, war starr vor Schmerz.
So wie er dort kniete, den schwarzen Pelz im Arm, stumm und tränenlos, fand ihn die alte Frau.
»Der alte Grimmbart war ein betagter Herr, Bobby, und seine Zeit war gekommen.«
»Er war doch mein Freund.« Tonlos, fast unhörbar kam es von Bobbys Lippen. Aber die Frau verstand ihn.
»Ja, er war dein Freund. Darum hat er dich hierher geführt.«
Endlich bewegte sich Bobby wieder. Er streichelte das glatte, saubere Fell und legte Grimmbart sachte nieder.
»Was soll ich denn jetzt machen?«, fragte er mit einer Verzweiflung, die ihm in der Kehle weh tat, und sah zu der Frau hoch. Er bemerkte, dass sie ein altmodisches blaues Kleid trug und ein schwarzes Tuch um die Schultern geschlungen hatte. Ihre langen Haare waren schneeweiß, und die Sonne ließ sie silbern um ihren Kopf aufleuchten. Ihre Augen waren tief eingesunken, so dass er die Farbe nicht erkennen konnte. Aber sie sah ihn unverwandt an, und er las Güte und Verständnis in ihrem Gesicht.
Sie schwieg, und darum hatte Bobby plötzlich den Wunsch zu reden. Er erzählte ihr von der Nacht, als seine Eltern sich gestritten hatten und seine Mutter mit ihm fortgefahren war. »Sie hat die ganze Zeit geweint. Und dann kam dieses andere Auto, und es krachte und splitterte und kreischte.« Versunken in das Grauen schwieg er wieder in sich gekehrt. Doch dann fühlte er den Blick der alten Frau und erzählte weiter. Dass ihm, außer ein paar blauen Flecken, nichts passiert war, aber Mutti seitdem im Krankenhaus war. Vati hatte ihn zu Tante Vera gebracht. Immer wenn er ihn besuchte, erzählte er ihm, dass es Mutti ganz gut ginge. Aber Tante Vera gegenüber hatte er furchtbare Sachen gesagt. Bobby hatte sie nämlich

belauscht. Bobby malte sich die schlimmsten Dinge aus. Aber er konnte nicht darüber sprechen.

»Und jetzt ist auch Grimmbart tot, ach, Grimmbart.« Schluchzend vergrub Bobby sein Gesicht im Fell des Katers und weinte das erste Mal, seit er aus den verbogenen Trümmern des Wagens gezogen worden war.

Die alte Frau ließ ihn ausweinen, erst als die Schluchzer in Schnupfer übergingen, sagte sie: »Wir wollen Grimmbart hier im Garten ein Grab bereiten. Da drüben muss eine kleine Schaufel liegen. Hier unter dem Lavendel ist ein schöner Platz für ihn.«

Bobby rieb sich die rotgeweinten Augen, aber dann nickte er. Die Beschäftigung mit dem harten, trockenen Boden half ihm, seine Fassung wiederzugewinnen. Liebevoll bettete er seinen Freund in die Grube. Irgendwie mochte er aber dann doch nicht einfach Erde über ihn schaufeln. Die alte Frau bemerkte sein Zögern und wies in Richtung Haus. »Nimm von den Rosen, Bobby. Eine Schere müsste dort auch liegen.«

Jetzt erst bemerkte Bobby, dass das Haus über und über mit Kletterrosen bewachsen war. Blassgelb und rosarot, glühend orange und goldgelb leuchteten sie in der Morgensonne. Beinahe hätte er sich nicht getraut, sie abzuschneiden, aber die Frau nickte ihm aufmunternd zu. Und so wurde Grimmbart unter der duftenden Last der Rosen begraben.

»Danke, dass Sie mir das erlaubt haben. Ich denke, ich gehe jetzt wieder nach Hause.«
»Ja, geh wieder zurück, es ist weniger weit, als du denkst. Aber vorher sieh dich noch einmal genau um, Bobby. Um diese Zeit sieht man sie am häufigsten!«
Bobby blickte die alte Dame verwundert an.
»Dort, schau, bei dem weißen Fingerhut. Und da, unter dem Haselbusch, siehst du sie nicht?«
Bobby erkannte, was sie meinte. Da waren sie. Genau wie Mutti sie immer geschildert hatte. Mit flirrenden Libellenflügeln und wie in zarte Blütenblätter gekleidet saßen dort die Elfen, die sich selbstvergessen Nektar und Blütenpollen von den Fingern leckten.
»Es gibt sie wirklich!« Das Staunen machte seine Stimme heiser.
»Natürlich. Wenn du an sie glaubst, siehst du sie auch. Ich hoffe, der Garten bleibt ihnen noch lange erhalten. So, und nun schau unter den orangefarbenen Rosenbusch. Dort findest du Rosenherz, Grimmbarts Freundin. Mach sie auch zu deiner Freundin, Bobby.«
Bobby tat wie geheißen und beugte sich zu den Wurzeln des Rosenbusches. Dort lag, wie in ein Nest gebettet, eine Katze, orangerot mit dunkelroten Tigerstreifen. Ihre goldenen Augen ruhten liebevoll auf ihrem einzigen Jungen. Und das war rabenschwarz mit zwei weißen Pfötchen.
Der Weg zurück war wirklich nicht so weit. Bobby hatte die Straße, die in den Ort führte, sofort gefunden. Doch er schlug sich die ganze Strecke mit widerstreitenden Gefühlen herum. Er fühlte sich seltsam getröstet, aber er fürchtete sich auch vor den Vorwürfen, die ihn erwarteten und dass er alles das ohne Grimmbart ertragen musste.
Natürlich wurde er von einer aufgeregten, aber trotzdem erleichterten Tante Vera empfangen, und auch seine Eltern waren da und sahen aus, als hätten sie die ganze Nacht auf ihn gewartet und nach ihm gesucht. Aber Vorwürfe gab es nicht. Fest, ganz fest nahm Mutti ihn in die Arme.
»Bobby! Dir ist nichts passiert?«
»Mutti! Ach Mutti, bist du wieder gesund?«
»Nun, beinahe. Gesund genug, Bobby. Obwohl ich mit dem neuen Bein noch ein bisschen üben muss.«

Scheu streichelte Bobby sie und kniete neben dem Rollstuhl nieder. Dann erzählte er seinen Eltern und Tante Vera, warum er fortgelaufen war.
»Grimmbart darf selbstverständlich wieder ins Haus, Bobby«, sagte Tante Vera, aber Bobby schüttelte nur den Kopf.
»Na gut, wir können nachher über alles reden. Du musst jetzt aber sehr hungrig sein!«
Das stimmte natürlich, und während Bobby eine Portion Müsli und ein paar Hörnchen verputzte, unterhielten sich die Erwachsenen. Es war die Rede davon, dass seine Eltern aus der Stadtwohnung ausziehen wollten, um in ein Haus zu ziehen, das möglichst ebenerdig war.
»Ach, wenn es einen Garten hätte, das wäre schön«, meinte Bobbys Mutter sehnsuchtsvoll.
Bobby, der den letzten Schluck Milch austrank, fiel plötzlich die Lösung ein. »Mutti!«, rief er aus. »Ich kenne so ein Haus. Genau wie du es dir vorstellst.«
Drei Gesichter drehten sich ihm erstaunt zu.
»Ich war heute morgen da, nicht weit von hier, die Straße hinunter in dem kleinen Wald.«
Tante Vera war die Erste, die sich von ihrem Staunen erholte.
»Aber natürlich! Das Haus der alten Magdalena. Sie ist vor einem halben Jahr gestorben. Es steht seitdem leer. Der Garten ist ganz verwildert.«
»Aber die alte Frau wohnt doch noch dort«, wandte Bobby ein, und wieder guckte er in drei staunende Gesichter.
»Welche alte Frau?«
»Weiß nicht. Sie kannte mich. Hatte so ein blaues Kleid an und einen langen, weißen Zopf.«
Tante Vera bekam große Augen. »Wie seltsam, Bobby. So hat Magdalena immer ausgesehen.«
»Nun ja, vielleicht wohnt noch eine andere alte Frau dort. Wir sollten mal hinfahren und es uns ansehen, was meinst du?« Bobbys Vater sah seine Frau an und dann Bobby. »Der junge Hüpfer da könnte sich langsam seinen Milchbart abwischen und uns dorthin lotsen.«
Das rosenüberwachsene Haus lag still und verlassen inmitten seiner Blüten, und Duft erfüllte den warmen Sonnenschein.

»Rosenherz«, murmelte Bobbys Mutter. »Ich denke, dass man das Haus so nennen sollte. Es sieht aus, als würde es im Herzen einer Rose liegen.«
Bobby flüsterte, an sie gelehnt: »Die alte Frau nannte die Katze so.«
»Welche Katze, Bobby? Ach, die wunderschöne Rote dort. Die heißt auch Rosenherz?«
»Ja. Darf ich dich zur Haustür schieben?«
»Nur zu.«
Unterstützt von seinem Vater schob Bobby den Rollstuhl zum Eingang. Und da sahen sie sie alle drei. Aus dem Schatten der Rosenbüsche trat die Frau in dem altmodischen blauen Kleid und dem lose geflochtenen, weißen Zopf. Sie lächelte, streckte die Hand zum Fenstersims aus, und ein Schlüssel glitzerte im Sonnenlicht auf. Sie wies mit einladender Geste auf die Tür und trat in den rosenduftenden Schatten zurück.

Sie hatten den Atem angehalten. Doch dann, mit völlig neuer Energie, ergriff Bobbys Mutter die beiden Krücken und humpelte die wenigen Schritte zum Fenster. Sie tastete den Sims entlang und hielt den Schlüssel in der Hand.
»Sieht aus, als ob wir hier willkommen wären«, murmelte sie, als sie die Tür aufschloss. «Zumindest haben wir ein Empfangskomitee. Schau, was die Katze da anbringt. Das Kleine sieht ja aus wie Grimmbart junior.«
Es dauerte nur wenige Monate, bis Bobby und seine Eltern in Rosenherz einzogen. Es zeigte sich mehr und mehr, dass es ein Segen war, denn wenn in den frühen Morgenstunden der Tau fiel, dann saßen Bobby und seine Mutter oft im Garten oder am Fenster und beobachteten die zarten Elfen, die dort ihren Nektar schlürften. Oder auch die Sahne, die für Rosenherz und Klein-Grimmbart bereitstand. Diese Portion Sahne war immer sehr reich bemessen, denn auch die Elfen, die den verzauberten Garten, das Haus und die Menschen darin beschützten, naschten zu gerne daran.

## Dick und dünn

Sylvi war lange krank gewesen, sehr schwer krank, was für ein kleines Mädchen eine harte Prüfung darstellte. Aber jetzt, so sagten die Ärzte, die weiß bekittelten Herren kalter Geräte und bitterer Medikamente, sei sie aus dem Schlimmsten heraus.

Das glaubte sie aber nicht.

Sie müsse mehr essen, um wieder kräftig zu werden, sagten sie ihr. Sie war entsetzlich abgemagert, und die Haare waren ihr ausgegangen. Aber essen war gar nicht so einfach. Die Eltern, Großeltern, die nette Hausärztin – sie verstanden nicht, dass Sylvi voller Misstrauen gegen alle Ratschläge und Anweisungen war. Zu oft hatte man ihr Besserung versprochen und ihr dann doch nur weh getan. Also hatte Sylvis kleine Seele, zerfranst bis zur Gefühllosigkeit, die Hoffnung aufgegeben, und Sylvi weigerte sich, all die liebevoll zubereiteten Leckerbissen auch nur zu kosten.

Sylvi hatte ein eigenes Zimmer in dem malerischen alten Haus ihrer Eltern. Es lag zum Garten hinaus, und durch das Fenster hatte man einen schönen Blick auf die Wiese. Die hübschen Möbel waren liebevoll ausgesucht, und das Prachtstück war der alte Kleiderschrank mit seinen geschnitzten Blumenranken und den Einsätzen aus Glas oben an den Türen, um die sich Schmetterlinge tummelten. Aber alles das machte das kranke Mädchen nicht fröhlich. Stunde um Stunde lag es teilnahmslos in seinem Bett und starrte Löcher in die Luft. Sylvi war es gleichgültig, ob das Eis in der Schale schmolz, die Sahne auf den Törtchen zerlief oder die Schokolade in der Frühlingssonne klebrig wurde.

Das ging so bis zu dem Augenblick, als sie aus ihrer blicklosen Teilnahmslosigkeit durch ein herzhaftes Schmatzen aufgeschreckt wurde. Müde drehte sie ihren kahlen Kopf zur Seite und staunte. Da saß doch tatsächlich ein kleines Wesen auf ihrem Nachtisch und stopfte sich mit beiden Händen die Sachertorte in den Mund. Es war vielleicht einen knappen halben Meter groß und beinahe genauso breit. Von seinem pausbäckigen Kopf wallten glänzende goldene Locken, und auf dem Rücken bauschten sich zart beflaumte Flügel. Allerdings verdarben ein paar Schokoladensplitter deren flauschige Schönheit, ebenso wirkte das schimmernde Gewand deutlich zu eng. Es spannte gewaltig über den Speckrollen um Bauch und Hüfte.

»Schmeckt's dir?«, fragte Sylvi, noch immer leicht verwirrt.

»Mklaaar!«, kam es undeutlich aus dem marmeladenverschmierten Mündchen.

»Bedienst du dich immer, ohne zu fragen?«, wollte Sylvi jetzt wissen, denn ihre Eltern hatten ihr eingeprägt, dass sich das nicht gehörte.

»Wen interessiert das schon!«, ertönte es zwischen zwei Schmatzern.

»Gepflegte Essmanieren hast du aber auch nicht.«

»Spiel dich nur auf. Ich esse, wie's mir passt«, sprach das Geschöpf und schob sich eine Zuckerkirsche in den Mund, dass die Backen nur so rund wurden.

»Igitt! Was bist du überhaupt für ein Wesen? Wenn du nicht so fett wärst und so schlechte Manieren hättest, würde ich dich ja fast für einen Engel halten. Auch wenn's die eigentlich nicht gibt.«

»Ach was? Ich bin Angelina und, verflixt noch mal, dein Schutzengel. Aber fett? Schlechte Manieren! Pff!«

Mit diesen Worten verschwand Angelina in einem schattigen Eckchen hinter den Vorhängen. Allerdings verlor der Abgang etwas an Leichtigkeit durch ihren Watschelgang, der fern von jeder englischen Anmut war. Immerhin hatte der Besuch zur Folge, dass Sylvi eine Stunde lang weniger Löcher in die Luft guckte als sonst. Und ihre Mutter freute sich, dass nicht nur der Teller leer war, sondern dass ihr Töchterchen sogar ein kleines Lächeln um die Augen hatte, als sie es zum Schlafen zudeckte.

Am nächsten Tag gab es einen Windbeutel mit Himbeeren und Sahne. Sylvi rührte ihn wie üblich nicht an, aber sie wartete aufmerksamer als sonst, ob der dicke Engel wieder auftauchte. Sie wurde nicht enttäuscht. Als alles ruhig war im Haus, wagte sich Angelina aus ihrem Versteck hervor und watschelte zu dem Beistelltischchen. Sie sah kritisch zu Sylvi hoch, aber die tat, als schliefe sie. So fuhr Angelina mit beiden Händen in die Sahne. Kurz darauf war ihre Nasenspitze weiß, und in den goldenen Locken hingen Windbeutelkrümel.

»Ein Engel bist du? Also, ich halte dich für einen grässlichen Vielfraß.«
»Hä?«
Sylvi kicherte leise über die klebrige Angelina, der vor Schreck eine Himbeere im Hals stecken geblieben war. Sie würgte und hustete furchtbar, und Sylvi richtete sich mühsam auf, um ihr zu helfen.
»Rühr mich nicht an. Menschen dürfen Engel nicht anfassen!«
»Ach nein? Aber Engel dürfen Menschenessen anfassen?«
Die Antwort ging in einem Hustenanfall unter, und Sylvi klopfte Angelina trotz ihrer Schwäche ein paarmal auf den Rücken. Angelina schnaufte, erholte sich wieder und verschwand dann grußlos.
Aber auch Sylvi, die nach dem Verschwinden des vollgestopften Geschöpfes für ihre Verhältnisse fast fröhlich zurückblieb, sann auf Schabernack. Demzufolge war der Berliner am nächsten Tag statt mit Zucker mit einer schönen weißen Salzschicht versehen.
Angelina, die hungrig aus ihrem Versteck kam, riss große Stücke aus dem weichen Teig und steckte sie gierig in den Mund. Dann allerdings bekam sie entsetzte Augen und spuckte den salzigen Klumpen weit auf Sylvis Bett.
»Du widerliches kleines Biest, du! Ich werd dich lehren, mein Essen zu verderben!« Zornentbrannt zog sie ihren Zauberstab aus dem Gürtel und richtete ihn auf Sylvi, die vor Lachen in ihr Kopfkissen biss. Angelina murmelte etwas, und ein kleines Flämmchen schlug aus dem Stab.

»Was machst du denn da, Angelina? Ist das eine Art Feuerzeug?«
Angelina gab keine Antwort. Sie murmelte noch etwas, diesmal nachdrücklicher, und das Flämmchen wurde einen Tick heller.
Nun ist es aber leider so, dass die Zauberkraft der Engel, die ja normalerweise zarte, luftige Wesen sind, durch Körperfett deutlich gemindert wird. Und Angelina hatte reichlich Speck auf den Hüften.
»Gib es auf, Angelina. Hier, ich habe noch ein paar Pralinen, die kannst du haben. Aber dafür erzählst du mir von dir, ja?«
Das Versagen des Zaubers hatte Angelina derart gedämpft,

dass sie nach Genuss zweier Marzipanpralinen ihre Geschichte erzählte.
Die Schutzengel verlassen alle sieben Jahre ihren Menschen und werden von einem anderen abgelöst, der die Aufgaben für den nächsten Lebensabschnitt übernimmt. Angelina war aber während Sylvis Krankheit bei ihr geblieben und hatte so das Treffen mit dem anderen Engel verpasst.

»Da wartet jetzt einer, und ich sitz hier rum und komm nicht los. Dabei werde ich bei einem anderen Mädchen dringend gebraucht! Ach, alles ist ein Durcheinander!«
»Gibt es denn gar keine Möglichkeit, dich jetzt ablösen zu lassen? Die Leute sagen doch alle, ich könnte wieder gesund werden!«
»Doch, schon. Ich meine, ich könnte durch das Land der Wunder zum Engeltreffen gelangen, aber ich finde diesen blöden Eingang durch das Runentor nicht. Eigentlich müsste es in diesem Zimmer sein. Aber bislang habe ich es noch nicht gefunden. Hast du es vielleicht gesehen?«
»Nein, wie soll es denn aussehen?«
»Ach, groß, zwei Flügel hat es, und wunderschöne Schnitzereien ranken sich darum. Alles, was aufblüht und lebt, soll darauf abgebildet sein. Es ist mit zwei Runen verschlossen, die durch einen Zauber geöffnet werden können.«
Sylvi hatte staunend zugehört. »Und was ist dahinter?«
»Oh, das Land der Wunder, das wundervollste, friedlichste, ach einfach das schönste Land der Welt. Das kann man nicht beschreiben. Schon gar nicht dummen Menschen.«
Mit dieser wirkungsvollen Beleidigung verschwand Angelina wieder in ihrer Ecke. Sylvi kuschelte sich in Träume versunken in ihre Kissen. Sie träumte von einem Land, in dem silberne Bächlein sprudelten und blaue Glockenblumen lieblich läuteten, wo Bäume mit goldenen Blüten wuchsen und bunte Schmetterlinge über endlosen Wiesen tanzten. Sie sah die Schmetterlinge so deutlich vor sich, dass sie meinte, sie flatterten in ihrem Zimmer und setzten sich lautlos auf ihren Kleiderschrank!
»Angelina!« Mitten in der Nacht schrie sie plötzlich auf, saß senkrecht im Bett und starrte in die Dunkelheit. »Angelina, du Pummelengel, ich hab's!«

Der Vorhang bewegte sich ein bisschen, und eine gähnende Angelina krabbelte hervor. Ihre Flügel waren zerknautscht, das schimmernde Schleiergewand verrutscht und zeigte zwei überaus stämmige Beinchen. Ein Schokoladenrest auf der Augenbraue vervollständigte ihre Aufmachung.
»Was störst du meinen Schönheitsschlaf, du kleine Tucke?«
Aber Sylvi war so von ihrer Entdeckung gefangen genommen, dass sie die Anrede einfach überhörte.
»Angelina, hast du dir schon mal den Schrank hier angesehen?«
»Klar, dein Kleiderschrank. Und?«
»A..a..aber die Schnitzereien. K..könnte dahinter nicht ...?«
»Mh!«
Widerwillig musterte Angelina die verzierten Türen.
»Nö!«, sagte sie dann.
»Schade. Ich dachte, ich hätte dir helfen können.«
Weil Sylvi noch immer sehr schwach war, legte sie sich wieder zurück und versuchte vergeblich, wieder einzuschlafen. So entging ihr nicht, dass kurz darauf ein heftiges Kratzen und Scharren entstand. Sie zwinkerte, um in der mondlichterhellten Dunkelheit etwas sehen zu können, und erkannte, dass Angelina sich bemühte, die Schranktür zu öffnen. Sie war allerdings ein bisschen zu klein, um an den Schlüssel zu kommen, und fiel bei dem Versuch, durch heftige Flügelschläge hochzuflattern, mit einem unengelischen Plumps auf ihren wohl gepolsterten Po, was ein ebenso unengelisches Geschimpfe zur Folge hatte. Sylvi wand sich aus ihren Decken, schlüpfte in die Hausschuhe und schlich sich zum Schrank.
»Wenn du mich mitnimmst, mache ich dir auf!«
»Du schon wieder? Geh schlafen! Ich mache nur noch ein bisschen Gymnastik!«
»Quatsch.«
»Sylvi, du machst mich fertig!«
»Nimm mich mit, dann mache ich die Tür auf.«
»Schon gut, schon gut. Ist ja sowieso nur ein Versuch.«
Aber zu beider Erstaunen fanden sie an der Rückwand des Schrankes eine weitere Tür, die in einen dunklen Gang führte.
»Finster hier. Und ich hab keine Taschenlampe.«
»Wofür die? Ich hab doch meinen Stab!«

»Na, wenn du meinst! Dein letzter Zauber war nicht sehr überzeugend.«
»Naseweises kleines Ekel. Willst du nun mit oder nicht?«
Angelinas Zauberkraft war immerhin so groß, dass ein Leuchtstrahl aus der Spitze des Zauberstabes herauskam und eine alte, staubige Treppe beleuchtete. Beide, Menschenkind und Engel, folgten den Stufen, die sie in immer neuen Windungen nach unten führten, bis sie an einem Tor anlangten, das genauso aussah, wie Angelina es beschrieben hatte.
»Und jetzt? Machst du es auf?« Sylvi war ganz aufgeregt.
»Mal sehen!«
Angelina konzentrierte sich so stark, dass eine steile Falte auf ihrer Stirn entstand, und murmelte ein paar passende Worte. Aber außer einem milden Aufleuchten der Runen tat sich nichts. Sie strengte sich noch mehr an. Doch ihre Kräfte schienen von Mal zu Mal geringer zu werden.
»Ich krieg's nicht auf. Ach Mist! So nah davor, und dann bin ich zu schlapp, den Zauber anzuwenden.«
»Schade, Angelina. Aber woran liegt das denn?«, fragte Sylvi, die auf der untersten Stufe saß, mitfühlend.
»Ich glaube … na ja … also, es kann sein, dass ich zu dick bin. Oder so.«
»Ach ja? Das wirkt sich auf die Zauberkraft aus?«
»Nun ja …«
»Und warum isst du dann so viel?«
»Weil ich … also … weil ich … Eben, weil ich unglücklich bin!«, kam es trotzig von dem fülligen kleinen Engel. Dann setzte er sich ganz traurig auf die Stufe neben Sylvi und ließ den Kopf hängen.
»Na, das ist doch nicht so schlimm. Du brauchst nur weniger zu essen, dann nimmst du ab und kannst zu deinen Freunden ins Land der Wunder. Aber jetzt gehen wir wieder zurück.«
Das war schwieriger als erwartet, denn Sylvi war viel zu schwach, die vielen Stufen wieder hinaufzusteigen. Immer häufiger blieb sie nach Luft ringend liegen, und Angelina musste ihr wieder und wieder zureden. Aber das Furchtbarste drohte ihnen erst noch, als sie es endlich geschafft hatten, wieder durch die Rückwand in den Schrank zu gelangen. Dort mussten sie nämlich feststellen, dass jemand die Schranktür

zugeschlossen hatte. Und Sylvi war so schwach, dass sie noch nicht einmal um Hilfe rufen konnte. Auch Angelinas Zauberkraft war beinahe erloschen, kaum noch ein bläuliches Lichtchen kam aus ihrem Stab hervor.

»Ich glaube, ich komme nie mehr hier heraus. Ach, Angelina, verzeih mir, dass ich dich so geneckt habe«, flüsterte Sylvi mit letzter Kraft und verlor das Bewusstsein.

Das Licht des Tages fiel durch die schmetterlingsförmigen Glasscheiben oben am Schrank, und Angelina starrte sie trübselig an. Der Atem des Mädchens ging flach, und sie fühlte sich sehr kühl an in ihrem Nachthemdchen. Der kleine Schutzengel zitterte vor Mitleid mit dem kranken Mädchen und versuchte, ihr mit einem Wärmezauber zu helfen. Ein bisschen gelang es ihm, aber nach einer halben Stunde verließen ihn wieder die Kraft. Doch dann waren plötzlich Stimmen zu hören.

»Sie wird im Badezimmer sein, Martha. Wieder ohne Bademantel. Hängen Sie das Ding in den Schrank!«

Der Schlüssel drehte sich im Schloss, und bevor die Tür wieder zugeschlagen werden konnte, streckte Angelina geistesgegenwärtig ihren Zauberstab dazwischen. Als die beiden Menschen sich aus dem Zimmer entfernt hatten, stieß sie die Tür auf und pikte Sylvi heftig mit dem Stab in die Seite.
Ob es der Pikser, die frische Luft oder die Helligkeit war, jedenfalls schlug Sylvi die Augen auf.
»Los, kriech ins Bett, Mädchen«, befahl Angelina herrisch. Irgendwie schaffte Sylvi das, sank in die Kissen und murmelte: »Das ... das darf uns das nächste Mal nicht passieren, Angelina. Ich muss wieder stark und gesund werden!«
»Na endlich willst du das! Ab jetzt isst du deine Mahlzeiten auf, damit du wieder zu Kräften kommst. Und mir gibst du bitte nur noch ganz kleine Häppchen ab.«
So kam es, dass zum Erstaunen aller Sylvi plötzlich mit mächtigem Appetit anfing, alles aufzufuttern, was man ihr anbot. Angelina – wenn auch unter gelegentlichen Rückfällen, vor allem, wenn es Sahnewindbeutel gab – naschte nur noch Portionen, die weit unter dem für Engel notwendigen Energiebedarf lagen.
Eines Nachts war es so weit. Angelina hatte im Garten Zaubern geübt und fand sich ausreichend fit, noch einmal den Vorstoß ins Land der Wunder zu wagen. Sie schwebte – das gelang jetzt auch wieder mühelos – mit wehendem Schleiergewand an Sylvis Bett.
Wir wissen nicht, was in dieser Nacht geschah. Darüber schwieg sich Sylvi immer aus. Aber seit dieser Zeit wuchsen ihre Haare wieder. Und nicht nur das, sie ringelten sich in vollen, goldblonden Locken erst um den Kopf, dann um die Schultern und schließlich bis zur Hüfte.

## Wie Gloriel zu ihrem neuen Kleid kam

Es begann alles an dem Stand, an dem Irma ihre bemalten Seidentücher ausgebreitet hatte.
Mone, die eigentlich richtig Simone hieß, betrachtete mit staunenden Augen diese Tücher. Zarte Gräser wuchsen da, Wolken türmten sich, Schmetterlinge spielten in den seidigen Falten, und wundersame Wesen saßen zwischen bunten Blüten. Diese geflügelten Wesen fesselten Mone. Sie fuhr vorsichtig mit dem Finger darüber und fragte dann: »Mutti, was sind das für Kinder mit den Flügeln?«
Mones Mutti sah flüchtig hin und meinte: »Das sind wohl Elfen.«
»Elfen?« Mone musterte das Seidentuch begierig. »Was sind Elfen, Mutti?«
»Ach, das sind irgendwelche Phantasiewesen. Elfen gibt es nicht, Simone. Komm, wir gehen weiter.«
Die Tage vergingen, und die Himbeeren in Irmas Garten wurden rot und süß. Nebenan, auf der anderen Seite der Hecke, beobachtete Mone sehnsüchtig, wie die reifen Beeren in der Sonne leuchteten. Mutti wollte nicht, dass sie ungewaschen Früchte aß, aber Mone wusste auch, dass Himbeeren süß schmeckten.
Die Himbeeren lockten von Minute zu Minute mehr. Vorsichtig pflückte Mone eine und steckte sie sich in den Mund. Ah, wunderbar, ganz saftig und von sonnenwarmer Süße! Die nächste Beere folgte, dann die übernächste. Achtlos schob Mone die Ranken beiseite und kümmerte sich nicht um den roten Saft, der ihr von den Fingern tropfte und den Mund verschmierte. Sie zerrte und rupfte an den Blättern, die ihr im Wege waren. Aber plötzlich wurde sie wüst beschimpft.
»Hey, lass los, du kleines Trampel. Du reißt mir ja mein Kleid kaputt!«
Mone war etwas erschrocken, so angeblafft zu werden. Sie zuckte zurück, und damit war der Schaden geschehen.
»Du Dummbeutel, du Knalltüte, du hirnlose, dackelohrige Platschnase, jetzt hast du mir das Kleid zerrissen«, kreischte es empört aus den Blättern, und Mone stammelte verstört: »Ich … ich hab doch gar nichts …!«

Sie wurde barsch unterbrochen.
»Was hältst du denn da in der Hand, du kleine Backpfeife?«
Irritiert sah Mone auf ihre saftverschmierten Finger. Darin befanden sich ein paar trockene Blätter, die zusehends zu Staub zerfielen. Sie blickte in Richtung der Stimme und erkannte ein zartes Geschöpf, knapp einen halben Meter groß, das zwischen den Ranken saß. Seine durchscheinenden Libellenflügel zitterten vor Wut. Es zeigte unverhältnismäßig viel Bein und zerrte etwas Hellrosafarbenes wütend über seine Schultern.
Mone war noch immer erstaunt und fragte: »Was bist du überhaupt?«
»Ich bin Gloriel, ich gehöre hier zu dem Garten, zusammen mit meiner Sippe.« Und stolz sagte Gloriel dann: »Ich bin eine Rosen-Elfe!«
Mone musterte nachsichtig diese Rosen-Elfe, die sie da zornig anfunkelte, und antwortete mit dem Tonfall ihrer Mutter: »Ach, Elfen gibt es doch gar nicht. Das sind nur so Phantasiewesen.«
Diese Antwort erboste die kleine Elfe nur noch mehr.
»Phantasiewesen, so? Und das ist jetzt wohl auch nur Phantasie, was?«
Sie zog einen Stab aus dem zerrissenen Röckchen, und eine gelbe Flamme schoss auf Mones Ohr.
»Aua, aua! Das pikst und brennt«, schrie Mona auf und hielt sich das Ohr.
»Aber Elfen gibt es nicht, was?«, giftete Gloriel.
»Hat aber meine Mutti gesagt!«, jammerte Mone zu ihrer Rechtfertigung.
»Dann ist deine Mutti eine blöde Pfeifente!«
Wütende Elfen haben einen schrecklichen Wortschatz, das ist allgemein bekannt. Mone kam zu dem schmerzhaften Schluss, dass an den Elfen doch etwas dran sein könnte, denn ihr Ohr kribbelte immer noch. Außerdem sah sie ein, dass sie Gloriel einen Schaden zugefügt hatte. Der verbleibende Rest des Kleides bedeckte kaum noch die feinen Arme und Beine. Zerknirscht fragte sie also: »Was soll ich denn jetzt machen, Gloriel? Dein Kleid kann ich dir nicht wiedergeben. Es ist ganz zerfallen.«

Gloriel nieste und fuhr die arme Mone erneut an: »Uii, bist du fix, du Schafsnase! Es verwelkt natürlich sofort, wenn es mir abgerissen wird. Schließlich besteht es aus Heckenrosenblättern. Schaff mir was zum Anziehen bei, die Nächte sind ziemlich kühl.«

Mone nickte gehorsam und meinte: »Gut, ich versuch dir etwas zu bringen.«

Mit schlechtem Gewissen lief sie nach Hause, wo sie auch noch eine Strafpredigt erwartete, denn die Spuren ihrer Naschhaftigkeit waren kaum zu übersehen.

Das mütterliche Gewitter zog unter Grollen nach dem Abendessen ab. Mone wurde früh zu Bett geschickt. Sie war zerknirscht und unglücklich. Mutti war böse auf sie, Gloriel war böse auf sie, und keiner half ihr, für Gloriel ein Kleid zu finden. Aber Gloriel würde frieren.

Die Sonne wanderte zum Horizont, und die Dämmerung hüllte den Garten vor Mones Fenster in graue Schatten. Hilfe suchend sah sie sich im Zimmer um. Was könnte sie nur der zornigen Elfe zum Anziehen bringen? Den Tisch bedeckte eine gestickte Decke … nein, das würde Mutti merken. Ihr Taschentuch war viel zu klein, aber da lag ein blau kariertes Wischtuch, das Mutti hier vergessen hatte. Das würde sie nicht vermissen, und es hatte die richtige Größe. Leise schlüpfte Mone aus ihrem ebenerdigen Fenster. Halb und halb wollte sie ja nicht glauben, dass die Elfe wieder auftauchte, aber ein Aufblitzen des Stabes wies ihr wie ein Glühwürmchen den Weg.

Gloriel fragte kurz angebunden: »Hast du ein Rosenblätterkleid?«

Mone reichte ihr den Lappen: »N … nein. Nur so was. Bitte.«

Empört stach Gloriel mit dem Stab nach dem Wischtuch.

»Was ist denn das für ein garstiger Lappen? Spinnst du, mir, einer Rosen-Elfe, einen Putzlumpen anzubieten, du jämmerliche Gans?«

Geknickt sah Mone zu der ungehaltenen Gloriel auf.

»Ich dachte, es ist besser als nichts, damit du nicht frierst. Ich … also wir haben keine Rosenkleider.«

Gloriel schnaubte nur empört und befahl: »Morgen, zur gleichen Stunde. Und zwar etwas Fließendes, Weiches. Und rosa, du triefnasiger Mops!«

Das war gemein, denn Mones Nase triefte nicht. Nur ihre Augen schwammen in Tränen, als sie in ihr Bett krabbelte.

Den ganzen nächsten Morgen hatte Mone sich Gedanken gemacht, wo sie etwas Fließendes, Weiches in Rosa herbekommen könnte, so dass sie in der Schule dreimal wegen Unaufmerksamkeit zurechtgewiesen worden war. Auf dem Heimweg war sie so tief versunken, dass sie fast in ein Auto gelaufen wäre, und mittags mochte sie nichts essen.

Am Nachmittag dann, bei den Schularbeiten, schaute sie traurig aus dem Fenster in Richtung Hecke. Da kam ihr die Idee. Die Gardine war es! Zarter, weißer Mull mit einer rosa Spitze. Wenn man da in der Ecke ein Stück herausschneiden könnte, das würde überhaupt nicht auffallen.

Eilig fuhr Mone mit der Schere durch den weichen Stoff – und ausgerechnet in diesem Augenblick trat Mutti in das Zimmer. Sie starrte einen Moment sprachlos auf Mone, die Gardine und die Schere.

Die nachfolgende Szene entwickelte sich stürmisch, und nichts, was gesagt wurde, soll hier erzählt werden. Tief gedemütigt floh Mone in den Garten und weinte zum Steinerweichen.

So fand sie die Nachbarin Irma.

»Aber, aber, Mone! Was ist denn so Furchtbares geschehen. Warum hat deine Mutter denn so mit dir geschimpft?«

Mone schluchzte und schniefte, und nichts war aus ihr herauszubringen. Irma hatte Mitleid mit ihr und bat sie zu sich herein. In der Küche setzte sie ihr erst einmal ein Glas Milch und ein Stück Rosinenkuchen vor, weil Kuchen tröstet.

Mone fühlte sich geborgen in der heimeligen Küche der alten Frau. Das krampfartige Schluchzen wurde zu einem kleinen Schluckauf, und dieser wurde durch die Milch so weit besänftigt, dass sie sogar ihre Sprache wiederfand. Da sie ein höfliches Mädchen war, bedankte sie sich als Erstes für den Kuchen. Dann sprudelte sie aber die ganze seltsame Geschichte heraus. Weil Irma ihr interessiert und überhaupt nicht ungläubig zuhörte, fühlte Mone sich langsam besser und schilderte immer genauer, wie es zu der schrecklichen Begegnung mit Gloriel gekommen war.

Als sie fertig war, sah Irma Mone staunend an: »Und du sagst, Gloriel wohnt hier bei mir im Himbeerbusch? Das ist ja wun-

dervoll, Mone. Ich habe mir immer gewünscht, einmal eine Elfe zu sehen.«
Mone schüttelte ungläubig den Kopf: »Aber haben Sie das denn nicht schon oft? Sie malen die Elfen doch auf Ihre Tücher!«
Bedauernd schüttelte Irma den Kopf. »Nein, nein. Das sind wirklich nur Phantasiefiguren. Aber so wie du Gloriel beschrieben hast, sind sie schon ziemlich ähnlich, nicht? Komm, jetzt zeige mir mal, was ich noch besser machen kann. Ich habe gerade ein neues Tuch angefangen.«
Neugierig und ein bisschen stolz darauf, ihrer netten Gastgeberin einen Rat geben zu können, folgte ihr Mone in das angrenzende Zimmer. Hier war ein Holzrahmen aufgestellt, in dem ein Seidentuch eingespannt war.
Ernsthaft betrachtete Mone das Bild und meinte dann: »Mh, die Flügel stimmen, und sie sind auch so schlank. Aber Gloriel hat kurze Haare und gar nicht lockig. Sie sind braun und glitzern an den Spitzen ein bisschen golden. Aber wahrscheinlich haben Elfen auch unterschiedliche Frisuren. Ich kenne ja nur Gloriel.«
Irma nickte verstehend: »Das wird wohl so sein. Ich bin ja nur eine dumme alte Frau und stelle mir Elfen immer langhaarig und goldblond vor. Ich werde das demnächst anders machen. Fällt dir sonst noch etwas auf, das ganz falsch ist?«
Nachdenklich beäugte Mone die Figuren. Dann tippte sie auf eine ganz bestimmte Stelle: »Da ist noch etwas. Es sind … also, bei Gloriel sind die Ohren … also, die sind irgendwie spitz.«
Irma sah Mone erstaunt an.
»Spitze Ohren. Aha! Das ist hochinteressant. Das muss ich wirklich beachten. Mone, du bist eine wunderbare Hilfe. Aber jetzt müssen wir ja noch mal auf die Kleidung zu sprechen kommen. Was hat Gloriel denn angehabt?«
Mone überlegte und meinte dann kleinlaut: »Na ja, davon hab ich nicht viel gesehen, das Kleid hab ich ihr ja zerrissen. Aber ich denke, es war so etwas ganz Luftiges, wirklich wie aus Blütenblättern. Rosa und ein bisschen grün. Es hat wahrscheinlich wirklich so ausgesehen wie auf Ihren Bildern.«

Mone nickte dazu und strich ganz vorsichtig mit dem Finger über das feine Gewebe. Und dann kam ihr die Erleuchtung. Sie stotterte vor Eifer, als sie ihre Idee vortrug.
»D … d … das könnte man doch a … als Kleid nehmen! D … das würde Gloriel bestimmt gefallen. Kann man aus dem Stoff ein rosa Elfenkleid machen?«
Irma legte ihr den Arm um die Schulter und lobte sie: »Mone, das ist genial! Natürlich kann man daraus ein Kleid nähen. Ich habe früher oft Puppenkleider gemacht, das sollte mir doch heute noch gelingen. Komm, wir suchen ein Tuch aus. Kletterrosenblätter hattest du gesagt?«
»Heckenrosen. So beinahe weiß mit ein bisschen Rosa. Und Grün.«
Irma wühlte schon in ihren Tüchern und Schals und tauchte mit einem Stoff auf, den sie bereits bemalt hatte. Mit zarten Heckenrosen in dunklem Laub.
»Oooh, ist das schön!« Mone war ganz hingerissen, Irma lächelte ihr zu und griff zur Schere. Entsetzt hielt Mone den Atem an.
»Wollen Sie das wirklich zerschneiden?«, fragte sie.
»Das muss ich schon, wenn ich ein Kleid daraus nähen will. Hier, das Grüne nehmen wir für das Oberteil, das Rosige für den weiten Rock. Und den schneidern wir aus diesen fünf großen Blütenblättern.«
Fasziniert beobachtete Mone, wie das Kleid entstand. Dabei fiel ihr auf, dass Irmas Finger sich recht mühselig bewegten, und bei manchen Bewegungen zuckten ihre Mundwinkel leicht. Da sie ein ausgesprochen aufmerksames Mädchen war, fragte sie nach einiger Zeit: »Tun Ihnen die Finger weh, wenn Sie nähen?«
»Ach, na ja, Mone, ich bin eine alte Frau, und da sind die Gelenke nicht mehr so, wie sie sein sollten. An manchen Tagen ist es besser, an anderen schlimmer. Aber es geht immer noch.«
Mone sah Irma mitleidig an.
»Und heute ist es sehr schlimm, nicht?«
Irma lächelte nur und stichelte mühsam den Saum eines Blütenblattes fertig. Mone blieb zwar weiter aufmerksam, schwieg aber, um nicht zu stören. Nach einer Stunde war das Kleidchen fertig. Wie eine eben aufbrechende Heckenrosen-

knospe fiel der Rock aus dem zackig geschnittenen Oberteil und wehte bei jeder Bewegung leicht hin und her.

»Das wird ihr gefallen!«, freute sich Mone. Mit strahlenden Augen legte sie ihre kleine Hand auf Irmas geschwollenen Fingerknöchel. Irma lächelte sie an und meinte: »Du solltest jetzt aber wieder zu deiner Mutti gehen, sie wird sich sicher fragen, wo du bist. Hier, nimm das Kleidchen mit.«

Sofort fiel Mone wieder der schlimme Streit ein.

»Nein, nein. Ich mag nicht zu ihr zurückgehen. Mutti würde mir das Kleid auch nur wegnehmen. Ach, bitte, lassen Sie mich

bis zur Abenddämmerung hier bleiben, dann können wir zusammen Gloriel das Kleid geben.«
Für Irma war das Angebot, eine echte Elfe zu sehen, sehr verlockend. Darum griff sie zum Telefon und überredete Mones Mutti, dass Mone noch zum Abendessen bleiben durfte. Dann legte sie auf und sagte: »Puh!«, worauf Mone kichern musste. Um sich für ihr gemeinsames Vorhaben zu stärken, gab es für beide nach dem Essen ein Stück Schokolade.
Danach gingen sie gemeinsam zum Himbeerstrauch. Es war sehr still im Garten, nur nebenan hörte man, wie Mones Mutti ein paar Pflanzen goss.
Als sie vor der Hecke standen, schlug Mone Irma vor: »Sie sollten vielleicht erst einmal ein bisschen zurückbleiben. Ich glaube, Gloriel ist ziemlich menschenscheu.«
Irma blieb stehen und nickte.
Es dauerte nur eine kurze Weile, bis Gloriel, in ihr Putztuch gehüllt, in dem Busch erschien.
»Na, Mädel, was bringst du heute an? Wenn das wieder so ein geschmackloser Fummel ist, werde ich dir die Ohren absengen!«
Drohend fuchtelte die kleine Elfe mit dem Stab und zog eine grimmige Schnute.
Aber Mone blieb stehen und hielt das Seidengewand hoch. »Hier, Gloriel. Hier ist dein Heckenrosenkleid. Das hat Irma für dich gemacht, obwohl ihr die Hände dabei ganz furchtbar weh getan haben. Sie steht da drüben.«
Gloriel kam misstrauisch näher. Aber dann war es an ihr, große Augen zu machen. Und das lose Mundwerk der kratzbürstigen Elfe blieb eine geschlagene Minute ruhig. Dann ergriff sie plötzlich das Kleid und huschte damit ins dunkle Laub. Enttäuscht sah ihr Mone nach.
»Schade. Ich hatte gedacht, sie bedankt sich bei Ihnen«, sagte sie zu Irma.
»Nun, das ist vielleicht nicht Elfenart. Nehmen wir ihr es nicht übel, Mone.«
Beide wollten sich zum Gehen umwenden, als hinter ihnen Gloriel rief: »Hey! Seht mich an! Ist das nicht phantastisch? Ist das nicht absoluter Wahnsinn? Das ist noch schöner als die Heckenrosenblätter!«

Ein rosiges Wunder mit blitzenden Augen und schimmerndem Haar tänzelte und drehte sich im Gras, dass der Blütenblätter-Seidenrock nur so flog. Dann hielt sie in ihrem Tanz inne, zückte den Stab und deutete auf Mone.

»Du darfst dir was wünschen, kleine Kröte!«

Mone traute sich kaum zu sprechen, aber Gloriels aufmunterndes Grinsen half ihr dann, und sie sagte: »Kannst du Irmas Hände gesund machen?«

»Klar!«, sagte Gloriel, schloss konzentriert die Augen, hob den Stab in ihrer Hand, und plötzlich schoss daraus ein blaues Flämmchen, das direkt auf Irmas Hände traf.

»Oh, das kribbelt!«, gluckste Irma und rieb sich die Hände, die plötzlich überhaupt nicht mehr weh taten.

»Tschüs, ihr beiden!« Gloriel huschte durch die Zweige, schaukelte noch kurz an einem Ast und verschwand dann in der Dämmerung. Nebenan fiel ein Eimer um, und ein kleiner, überraschter Schrei war zu hören.

Irma und Mone sahen sich verschwörerisch an, als Mones Mutti über die Hecke zu ihnen schaute.

»Sagt mal, habt ihr euch gerade mit einer Elfe unterhalten?«

Mone machte ein überlegenes Gesicht und antwortete ihr: »Aber Mutti, Elfen gibt es nicht, das sind nur Phantasiegestalten.

# Traumtänzereien

**Angelo macht die jungen Leser auf ihre Träume aufmerksam und zeigt ihnen, wie Engel und Feen in den Träumen Rat geben, helfen oder vor unüberlegtem Handeln warnen.**

# Angelo webt die Träume

Huah Huhhh! Ach, habe ich schön geschlafen. Und so schön geträumt!

Hier ist wieder euer total ausgeschlafener Engel Angelo! Manchmal muss ich auch eine Mütze voll Schlaf nehmen, sicher. Aber das heißt nicht, dass niemand auf euch aufpasst. Wir Engel wachen auch im Schlaf, und da vor allem streifen wir durch eure Träume. Unsere Verwandten, die Feen und Elfen, übrigens auch! Wenn ihr also wissen wollt, wie wir aussehen und was wir euch alle zu erzählen und zu zeigen haben, dann müsst ihr euch nur an eure Träume erinnern.

Ihr könnt uns sogar einladen, die Nacht mit euch zu verbringen. Dazu müsst ihr nur vor dem Einschlafen ganz fest an uns denken und vielleicht sogar ein Gedicht aufsagen. Eines davon, das viele, viele Jahre alt ist und schon von Millionen von Kindern aufgesagt wurde, lautet:

Abends wenn ich schlafen geh,
Vierzehn Engel bei mir stehn:
Zwei zu meiner Rechten,
Zwei zu meiner Linken,
Zwei zu meinen Häupten,
Zwei zu meinen Füßen,
Zweie, die mich decken,
Zweie, die mich wecken,
Zweie, die mich weisen
Zu den himmlischen Paradeisen.

Was für ein Engelgewimmel, werdet ihr sagen. Aber Engel kann man nie genug um sich versammeln, und in ihrem Kreis kann man sich ganz sicher und geborgen fühlen. Kein einziger hässlicher Traum kann dann unter eure Bettdecke kriechen und euch Angst machen.

Aber nicht nur euren Schlaf beschützen wir, sondern wir versuchen euch auch von gefährlichen Unternehmen abzuhalten, die ihr vielleicht plant. Diese Warnungen sind auch ein Grund, sich an Träume zu erinnern. Aber unsere schönste Aufgabe ist es, euch in Träumen Mut zu machen, erwachsen zu werden.

Verlernt nie zu träumen, denn Träume helfen, Wünsche wahr werden zu lassen.

## Das Mädchen, das nicht träumen durfte

Es lebte einmal vor vielen, vielen Jahren, als es auf der Welt noch Feen gab, eine junge Frau, die ihrem Gatten bald ein Kind schenken sollte. Ihr Mann kehrte von einer langen Reise zurück, um seiner Gemahlin in der schweren Stunde beistehen zu können. Er war schon beinahe zu Hause und musste nur noch ein Flüsschen überqueren. Mit großen Schritten eilte er am Ufer entlang, als er unter den langen hängenden Zweigen der Weiden plötzlich eine feine, klingende Stimme verzweifelt um Hilfe rufen hörte.

»Das hat mir gerade noch gefehlt«, murrte er vor sich hin. »Ich werde so tun, als ob ich nichts höre.« Er stimmte ein lautes, lustiges Liedchen an, doch er konnte die Rufe damit nicht übertönen. Immer noch klang der Hilferuf in seinem Ohr. Neugierde und ein schlechtes Gewissen ließen ihn seinen Blick doch noch einmal das Ufer entlangschweifen, und er entdeckte, dass unten am Wasser etwas schwach leuchtete.

»Hilfe! Hilf mir, guter Mann, bitte!«, rief es kläglich.

Er begann zu laufen, sprang über den schmalen Steg und eilte zu der Stelle, von der die Stimme erklang. Rutschend und stolpernd kletterte er die Böschung hinunter und erstarrte dort vor Staunen. Das Leuchten war immer stärker geworden und erglühte nun zu einem kräftig malvenfarbenen Schein. Am deutlichsten war er in den Uferschlingpflanzen zu erkennen. Beherzt griff der Mann hinein und zog. Ein Ruck, und er saß im Matsch. Auf seinem Schoß lag ein feuchtes, malvenfarbenes Bündel, das rundum silberne Fransen hatte. Verwundert betrachtete er es, dann nahm er es mit beiden Händen hoch und schüttelte es, dass die Tropfen nur so flogen. Ein Quietschen und Kichern erklang und dann der Befehl: »Schluss jetzt, lass mich runter!«

Gehorsam setzte er das zappelnde Etwas ab, und vor ihm stand ein etwa kniehohes, malvenfarbenes Feelein mit langen, silbernen Haaren.

»Vielen Dank, dass du mich hier herausgeholt hast, ich hab mich beim Baden in den Schlingpflanzen verwickelt«, sagte die Fee.

»Gerne geschehen!«

»Hast du vielleicht einen Wunsch?«, fragte sie und wrang ihre Haare aus.
»Oh ja, ich habe bestimmt einen Wunsch. Aber jetzt muss ich erst einmal nach Hause, meine Frau liegt in den Wehen.«
Die Fee zupfte sich eine letzte Wasserlinse aus den Haaren und sagte fröhlich: »Ich komme mit dir, wenn es dir recht ist.«
Sie erreichten bald das strohgedeckte Ziegelhaus, und als sie in die Tür traten, hielt ihnen die Hebamme schon das neu geborene Töchterchen entgegen. Der Vater nahm ihr das Kind ab, fasste die Fee bei der Hand und ging in das Gemach, wo seine Frau glücklich lächelnd im Bett lag.
»Ich habe dir eine Gratulantin mitgebracht«, sagte er zu ihr, und höflich machte die Malvenfarbene ihren Knicks.
»Ich bin deinem Manne zu großem Dank verpflichtet, darum möchte ich euch einen Wunsch erfüllen. Überlegt ihn euch gut, denn ich komme zur Taufe wieder. Lebt wohl solange.«
Nur ein leichter Schimmer blieb noch einen Augenblick im Zimmer, dann waren die Menschen alleine.
»Wir wollen uns etwas für unsere Tochter wünschen«, schlug der Mann vor.
Die Mutter nickte und sagte: »Wir wollen allen Kummer von ihr fernhalten, damit sie ihr ganzes Leben lang glücklich ist.«
»Aber was hält alle Enttäuschung von ihr fern?«, fragte der Vater nachdenklich.
»Nun ja, enttäuscht wird man, wenn man etwas erwartet, das nicht eintrifft, nicht wahr?«, erklärte ihm seine Frau.
»Dann sollten wir ihr wünschen, dass sie nicht träumen kann. Träume sind die Ursache aller Unzufriedenheit. Wenn sie nur die Wirklichkeit sieht, dann macht sie sich keine falschen Hoffnungen und glaubt nicht an Märchen.«
»Das ist ein sehr schöner Wunsch für unser Kind«, stimmte die Mutter zu.
Der Tag der Taufe kam, und pünktlich zur Kaffeetafel erschien die malvenfarbene Fee, um zu gratulieren. Man bot ihr ein Stück Sahnekuchen an und führte sie dann zur Wiege.
»Liebe Fee, wir danken dir, dass du gekommen bist. Und wir haben auch einen Wunsch, den du uns erfüllen sollst. Wir bitten dich, Margarete ihr ganzes Leben lang von allen Träumen und Illusionen fern zu halten.«

Die Malvenfarbene bekam runde Augen, und traurig sagte sie: »Das kann ich nicht. Träume verhindern, das dürfen nur die bösen Geister.«

Enttäuscht sahen sich Eltern und Gäste an.

»Aber du könntest uns Bescheid sagen, wenn sie träumt, so dass wir sie daran hindern könnten?«, fragte die Mutter schließlich.

»Ja, das kann ich«, antwortete die kleine Fee, aber fröhlich sah sie dabei nicht aus. Nicht einmal der angebotene selbst gemachte Fruchtlikör heiterte sie auf. Nach zwei Stunden lag sie ziemlich beschwipst in der Wiege und ließ sich von der Amme schaukeln. Dabei träumten sie und Margarete um die Wette.
Als es dunkel wurde, wachte die Fee wieder auf und erinnerte sich an ihre Aufgabe mit Erschrecken. Schlaftrunken weckte sie die Amme, damit sie der Kleinen das Träumen verbiete, dann eilte sie von dannen.
Im Feenhaus wurde sie mit ungehaltenen Worten gegrüßt.
»Du sollst sofort zur Königin kommen, heute ist nämlich Versammlung!«
»Das habe ich – hicks – total vergessen!«, stammelte die Malvenfarbene, und auf etwas schwankender Bahn schwebte sie in die große Halle, wo die leuchtend weiße Königin eben ihre Jahreskonferenz hielt. Sie bemerkte missbilligend den Tumult, der am Eingang entstand, und als die malvenfarbene Fee hereinkam, rief sie: »Ach, da ist sie ja! Komm her!«
Die Malvenfarbene eilte zum Thron, um von ihrer Rettung und dem gewährten Wunsch zu erzählen. »Ich mache es aber nicht gerne. Träume sind doch so wichtig!«, schloss sie ihren Bericht.
»Du weißt aber, dass du Wünsche in jedem Fall und immer zu erfüllen hast, sonst müssen wir dich verstoßen!«, mahnte die Königin streng.
»Ja, weiß ich, aber der Wunsch ist so hässlich!«, begehrte die kleine Fee auf.
»Pflicht ist Pflicht! Auch wenn sie unangenehm ist! Es stimmt ja, es schadet uns Feen, wenn niemand mehr träumt. Wir existieren hier nur so lange, wie noch jemand an uns glaubt. Die Menschen sind so eifrig bemüht, die Welt mit ihrem wichtigen Verstand zu erklären, dass sie das Glauben verlernt haben. Wenn sie sich jetzt auch noch das Träumen abgewöhnen wol-

len, dann treffen wir uns im nächsten Jahrhundert nicht mehr wieder. Trotzdem musst du den Wunsch erfüllen. Du kennst die Strafe bei Ungehorsam. Nun geh!«

In gedrückter Stimmung kehrte die Malvenfarbene zu der Familie zurück. Sie hielt sich ständig in der Nähe ihres Schützlings auf und achtete darauf, jeden Traum den Eltern zu melden. Sie nahmen dann das Mädchen in den Arm und sagten zu ihr: »Margarete, du träumst schon wieder! Das darfst du nicht.«

Es war ein warmer Sommertag, der fünfte Geburtstag Margaretes. Sie saß im Garten und beobachtete einen Schmetterling, der über die Blüten tanzte, und ihre Augen folgten ihm, als er über den Zaun, in andere Gärten flatterte.

»Ich möchte ein Schmetterling sein, so leicht und luftig tanzen, vom Duft der Blumen trinken und mich schwerelos im Licht drehen.« Sie versank in einen Traum, in dem sie sich wie ein Schmetterling in der Sonne fühlte.

Während dieser Zeit hatte sich die kleine Fee im Wohnzimmer aufgehalten. Auf dem Tisch lag eine noch immer qualmende Pfeife, die der Hausherr zurückgelassen hatte. Neugierig schwebte die Malvenfarbene heran. Sie hatte schon oft überlegt, was die Menschen mit diesem Ding machten, nun hatte sie die Gelegenheit erwischt. Verstohlen blickte sie sich um, hob die Pfeife hoch und tat einen tiefen Zug daraus. Kaum hatte sie den Rauch in der Lunge, da fing auch schon alles um sie herum an, sich zu drehen.

»Huch, ist mir schlecht ...«, würgte sie. Ihre Farbe hatte sich in Blassgrün verwandelt, sie atmete schwer, und plötzlich hatte sie nur noch einen Wunsch: »Raus!« Sie sprang aus dem Fenster und landete unter den Bäumen, wo sie wartete, dass die Übelkeit verging. Die Zunge hing ihr weit aus dem rechten Mundwinkel, und sie seufzte erbärmlich. Erst nach einer halben Stunde wurde sie wieder malvenfarben, und erleichtert blinzelte sie in die Sonne. Da sah sie Margarete in Träume versunken im Garten sitzen. So schnell sie konnte, suchte sie die Eltern auf.

»Margarete, was tust du denn?«, fragte die Mutter ernst.

»Ich hab mir vorgestellt, ich könnte tanzen wie ein Schmetterling!«, antwortete Margarete mit glücklichen Augen.

»Tanzen, wo kommen wir denn da hin! Wir sind ordentliche Leute und haben für solche Spielereien keine Zeit. Wie oft muss ich dir noch sagen, du sollst nicht träumen! Zur Strafe bekommst du kein Stück von der Geburtstagstorte!«
Auch die Tränen rührten die strengen Eltern nicht. Nur die kleine Fee wischte sich einen Tropfen von ihren Silberwimpern. Die Strafe aber hatte ihre Wirkung. In den nächsten Jahren musste sie nur selten berichten, dass das Mädchen träumte. Und sie war auch sehr sorgfältig bei ihrer Aufgabe, bis auf dieses einzige Mal.
An einem Winterabend saß Margarete am Fenster und schaute hinaus. Stern um Stern fielen die Flocken aus den Wolken, und glitzernde Eiskristalle bildeten sich an der Dachtraufe.
»Ein Kleid aus solchem Stoff, aus lauter Sternen zusammengesetzt, möchte ich einmal tragen«, dachte sie sehnsuchtsvoll.
Die Wolken rissen ein wenig auf, und der Mondschein ließ das herabsinkende Weiß immer dichter werden. Da schien es Margarete, als ob anmutige Mädchen in duftigen Kleidern wirbelten und tanzten, so wie die Flocken, die vom Himmel fielen. Und sie selbst wünschte sich, mitten unter ihnen zu sein, in einem Gewand aus Schneesternen und einem Diadem aus Eiskristallen.
Durch das Küchenfenster schwebte die kleine Fee herein und war halb steif gefroren. »Brr, ist das kalt! Rasch zum Herd!«, rief sie. Ohne daran zu denken, dass die Platte glühend heiß war, setzte sie sich darauf. »Ihh, au, au!« So schnell wie sie auf dem Herd war, sprang sie auch wieder hinunter. Mit schmerzverzerrtem Gesicht fasste sie nach ihrem Hinterteilchen, drehte sich dann langsam um und beobachtete mit einer hochgezogenen Braue, wie von dort ein kleines Rauchwölkchen aufstieg. Das malvenfarbene Gewand hatte ein Brandloch bekommen.
»Oh weh, das setzt Hiebe! Wenn das die Königin sieht! Wie stopfe ich das nur?«
Eine Spinne, die ihren Platz hinter dem Herd hatte, kam hervor und schlug der verzweifelten Fee vor: »Ich will dir einen Faden spinnen, dann kannst du das Kleid flicken. Die Farbe ist allerdings nicht die gleiche.«
Freudig strahlte die Malvenfarbene die Helferin an und bedankte sich. Hurtig schlüpfte sie aus dem Gewand, legte es

sich über die Knie und begann zu stopfen. Gerade war sie fertig, als die Tür aufging und die Mutter hereinkam.
»Huch!« Erschrocken hielt die Fee das leuchtende Kleid vor sich, um ihre Blöße zu bedecken, und sprang in die Ecke, just da, wo der Kohlenkasten stand. So musste sie, als die Frau gegangen und sie wieder aus den Kohlen herausgekrabbelt war, erst einmal das Kleid ausbürsten und sich selbst waschen. Als sie sich wieder ihrer Aufgabe widmen konnte, saß Margarete noch immer mit verträumtem Gesicht am Fenster.
»Sie träumt davon, mit einem weißen Kleid zwischen den Schneeflocken zu tanzen!«, berichtete die Fee den Eltern, was ihrem Schützling eine lange Strafpredigt eintrug.
»Du weißt, dass wir dir niemals ein solches Kleid geben können, also träum auch nicht davon. Du wirst sonst nur unzufrieden«, sagten sie zu ihr.
Die Wirkung hielt an, bis sie im Frühjahr Verwandte in der nahen Stadt besuchten. Am Nachmittag führte die Tante die ganze Familie ins Theater, und dort sah Margarete das erste Mal ein Ballett. Mit strahlenden Augen verfolgte sie die Tänzerinnen, die in ihren weißen Kleidern wie Schneesterne wirbelten und wie Schmetterlinge im Licht tanzten. Die Malvenfarbene saß unerkannt hinter einem Wandleuchter und ließ sich ebenfalls von diesem Schauspiel verzaubern. Sie dachte an die vielen Nächte, die sie mit ihren Feenschwestern auf den taufeuchten Wiesen getanzt hatte, und wurde beinahe wehmütig. Margarete konnte sich aus der Verzauberung kaum lösen, und als sie später im Bett lag, da träumte sie davon, wie sie selbst leichtfüßig zu den Melodien in ihrem Herzen tanzte.

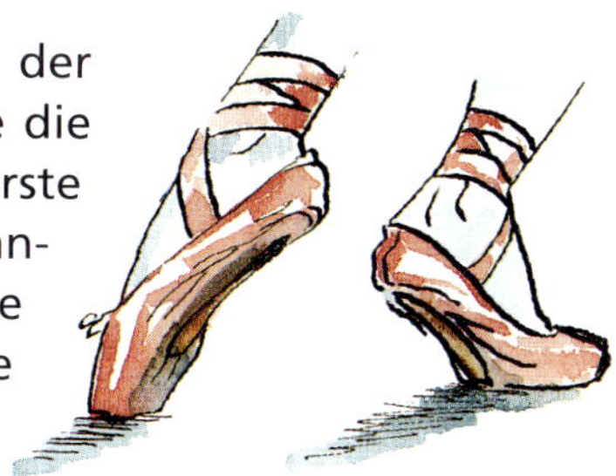

Es hatte ein reiches Mahl gegeben, die kleine Fee schaukelte noch sacht auf dem Kronleuchter und kämmte sich die Haare, als schon alle aufgestanden waren. Da stieg ihr ein köstlicher Geruch in die Nase. »Mh, das riecht aber lecker, woher kommt das?« Ihr Blick fiel auf die Schüssel mit Vanilleeis. Sie war noch beinahe halb voll! Husch, war sie am Tisch und schleckte am Eis. Ihre Augen leuchteten, und sie fuhr sich mit der Zunge über ihre Lippe. »Mehr!« Sie schleckte und leckte, bis die Schüssel, die beinahe halb so groß war wie sie selbst, ganz leer geputzt war. Danach aber fühlte sie sich so satt und schwer,

dass sie sich schließlich zur Katze ins Körbchen plumpsen ließ und einschlief.
Ein ungewöhnliches Geräusch weckte sie mitten in der Nacht. Eine leise Stimme summte ein Lied ganz in ihrer Nähe. Mit Mühe öffnete die Malvenfarbene ihre schweren Lider. »Hup .. oh, mein Bauch!« Sie schloss die Augen wieder, riss sie aber dann gleich wieder auf und starrte Margarete an, die im Nachthemd durch die vom Mondlicht erhellten Räume tanzte.
»Sie träumt schon wieder! Ich muss zu ihren Eltern!«, sagte sich die kleine Fee, aber dann mochte sie doch nicht weggehen, denn Margarete sah so glücklich aus. »Sie werden mich aus dem Kreis der Feen verstoßen«, dachte sie noch einmal traurig, aber dann schüttelte sie sich, dass die Silberhaare flogen, und begleitete ihren Schützling zurück ins Bett. Dort kuschelte sie sich neben das Mädchen, und endlich machte sie das, was sie eigentlich schon immer viel lieber machen wollte. Sie verschönte Margaretes Träume mit bunten Farben und fröhlicher Musik.
Margaretes Eltern waren entsetzt, als ihre Tochter am folgenden Tag erklärte, dass sie ihren Traum wahr machen und Tanzen lernen wollte.

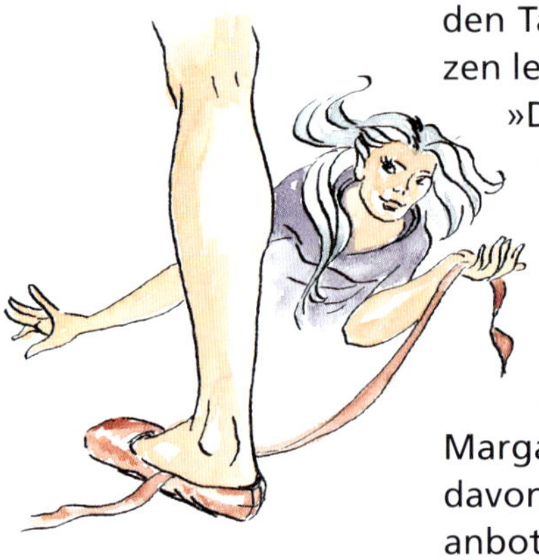

»Das gehört sich nicht!«, sagten sie, und: »Das können wir uns nicht leisten!« Sie sagten: »Du musst etwas Vernünftiges lernen!« Sie sagten auch: »Du wirst sowieso heiraten.« Und schließlich sagten sie: »Das kannst du doch sowieso nicht!« Als keines der Argumente Margarete von ihrem Wunsch abbringen konnte, sagten sie: »Das ist nur ein Traum, du wirst enttäuscht werden!«
Margarete aber träumte mit Hilfe der kleinen Fee weiter davon, eines Tages tanzen zu können, und als ihre Tante ihr anbot, dass sie eine Zeit lang bei ihr wohnen sollte, da fand sie unerwartet Unterstützung von ihr. Bald mühte sich Margarete mit den schwierigen Bewegungen ab, hatte Muskelkater und schmerzende Zehen, wiederholte bis zur Erschöpfung ihre Übungen, aber immer, wenn sie beinahe glaubte, dass sie es nie schaffen würde, dann half ihr die kleine Fee, weiter davon zu träumen.
Dann war es eines Tages so weit, Margarete stand in einem weißen Kleid, das aussah, als sei es aus lauter Schneesternen

gewebt, und einem Diadem wie aus Eiskristallen auf der Bühne. Sie tanzte wie ein Schmetterling im Licht, und Blumen lagen zu ihren Füßen.
»Du hast den Wunsch der Eltern nicht befolgt, Malvenfarbene! Erst warst du nachlässig, und dann hast du sogar vorsätzlich gegen die Regeln verstoßen.«
Durchdringend sah die Feenkönigin die kleine Fee an, die mit hängenden Schultern vor dem Thron stand und seufzte: »Aber Margarete ist doch jetzt glücklich, und ihre Eltern sind so stolz auf sie.«
Die Königin ragte groß und majestätisch vor ihr auf und sagte: »Margaretes Eltern wollten, dass sie nicht träumt, damit sie nicht enttäuscht wird im Leben. Also müsste ich dich nach den Vorschriften des Feenwesens jetzt ausstoßen!«
Aber dann fiel alle Strenge von ihr ab, und sie legte lächelnd die Hand auf den Kopf der Malvenfarbenen. »Aber weißt du, ich werde es nicht tun, denn ein erfüllter Traum wiegt tausend Enttäuschungen auf.«
Ein leuchtend malvenfarbenes Strahlen breitete sich im Raum aus.

## Brummel

Vor vielen Jahren, als Sofie noch ganz klein war, hatte sie den Teddybären geschenkt bekommen. Sie liebte diesen braunen Kuschelbären heiß und innig und sagte Brummel zu ihm, weil aus seinem Bauch so ein ulkiges Geräusch kam, wenn man ihn drückte.
Sofie hatte eine kleine Schwester, die sich, als sie sprechen konnte, Bonni nannte, weil Bonifatia noch zu groß für ihren Mund war.
Aber wie das mit Kindern so ist – sie werden Jahr für Jahr älter. Und natürlich klüger. Sofie fing an, sich mehr für Puppen mit hübschen Kleidern zu interessieren, und Brummel verschwand in einer dunklen Ecke im Kinderzimmer.
Sofie und Bonni lebten in einem Haus ganz nahe am Wald. Dort traf sich am Waldrand oft eine ganze Gruppe von Kindern, um ihre fröhlichen Spiele zu spielen. Aber wenn Sofies Cousin Sven zu Besuch war, zog er seine gleichaltrige Cousine immer wieder damit auf, dass sie sich nie tief in den Wald hineinwagte.
So auch an einem schönen, warmen Sommerabend.
»Komm, Sofie, heute machen wir eine Nachtwanderung«, schlug er ihr vor, als sie gemeinsam auf einem Baumstamm unter der mächtigen Eiche am Waldrand saßen.
»Warum das denn?«, fragte Sofie zurück.
»Weil heute Vollmond ist. Da spukt es im Wald!«
Sofie schüttelte sich und meinte: »Ich bleibe lieber zu Hause.«
»Bäh, was sind Mädchen für Angsthasen!«
Bonni, die bisher nur zugehört hatte, mischte sich jetzt auch noch ein und quakte dazwischen: »Ich komme mit, ich bin kein Angsthase!«
Sven fuhr sie an: »Nein, du bist ein Baby!« Er wollte natürlich die jüngere Bonni nicht dabeihaben.
Aber das forderte nur den Widerspruch der Kleinen heraus. »Ich bin kein Baby mehr, und ich will die Elfen und Engel sehen!«, beharrte sie.
Sven sah sie verständnislos an und fragte: »Elfen? Engel?«
Sofie erklärte ihm: »Ach ja, Mutti hat uns neulich Geschichten über Elfen vorgelesen, die bei Vollmond auf Waldlichtungen

tanzen, und von Schutzengeln, die Kinder behüten. Bonni ist jetzt ganz wild darauf, welche zu sehen!«
Sven grinste höhnisch: »Engel, dass ich nicht lache. Werwölfe, Trolle, Dämonen mit Feueraugen, die ja, aber bestimmt keine Elfen.« Sven war ein Freund von Gruselgeschichten. Sofie nicht. Darum sagte sie nur: »Dummes Zeug, die gibt es genauso wenig wie Engel!«
»Wetten, dass doch?«, forderte Sven sie heraus.
»Wetten, dass nicht!«, antwortete sie trotzig.
»Dann komm heute Nacht mit!«
So kam es, dass Sofie sich überreden ließ, an dem Abenteuer teilzunehmen. Bonni mussten sie notgedrungen ebenfalls versprechen, dass sie mitkommen durfte, denn die beiden wollten schließlich nicht, dass sie den Eltern etwas von ihrem Vorhaben erzählte.
Die Planung des Ausflugs nahm Gestalt an. Sie tüftelten aus, wie sie ungesehen das Haus verlassen konnten, welchen Weg sie nehmen würden und wer was zu Essen mitbringen würde, denn eine solche Veranstaltung darf natürlich nicht ohne ein Picknick stattfinden.
»Ich nehme meine Barbie mit!«, verkündete Sofie dann noch. »Sie kann ihren Safarianzug tragen.«
»Mädchen!«, stöhnte Sven mit verdrehten Augen, aber dann kam ihm eine Idee. »Na gut, dann nehme ich eben Arnold mit, der kann dann deine Barbie beschützen!«
Sven hatte eine stolze, muskelstrotzende Kämpferpuppe, die drohend ein Schwert schwingen konnte. Sein Vater hatte diese Puppe Arnold genannt.
Die kleine Bonni trug wenig zu der Planung bei, sie hörte versonnen zu und träumte von ihren Engeln und Elfen.
Es klappte alles hervorragend. Abends waren sie alle ungewöhnlich fügsam zu Bett gegangen, und niemand ahnte, dass sie alle Vorkehrungen getroffen hatten, kurz vor Mitternacht loszuwandern.
Dann war es so weit, die drei Kinder standen am Waldrand, ein jedes mit einem Rucksack auf dem Rücken. Die Nacht war noch warm, der Himmel klar und dunkelblau. Über den hohen Baumwipfeln blinzelten ein paar Sterne, und ein kugelrunder Mond schwebte über den Ästen. Es war recht hell und der Weg

leicht zu finden. Sie wollten zu einer kleinen Lichtung wandern, die Sven mit seinen Freunden schon ein paarmal aufgesucht hatte.

Sven schritt gut gelaunt aus, Sofie hingegen fühlte sich nicht so behaglich. Es war schon seltsam, so ganz alleine im Dunkeln durch den Wald zu gehen. Im Mondlicht verschwanden die Farben, und alles schien aus blauen, grauen und schwarzen Schatten zu bestehen, in denen hin und wieder ein Blättchen silbern glänzte. Außerdem war es so still, dass jedes Rascheln sie zusammenzucken ließ. Obwohl Sofie heftig behauptet hatte, dass sie nicht an Elfen und andere Fabelwesen glaubte, sah sie sich jetzt häufig vorsichtig um. Beobachteten sie da nicht ein paar Augen hinter dem Baumstumpf, wehte da nicht ein Gespensterfetzchen durch die Büsche, folgte ihnen nicht ein leises Tappen? Ein Käuzchen rief sein schauriges »Uhuuu Uhuuu« durch die Nacht, und Sofie schauderte.

Aber trotz dieses unheimlichen Rufes erreichten Sven, Sofie und Bonni bald ihr Ziel und machten es sich im Mondlicht auf der Lichtung gemütlich. Sie packten ihre Rucksäcke aus und nahmen ihren köstlichen Mitternachtsimbiss, bestehend aus Keksen, drei Bechern Vanillepudding, Limonade und anderen Köstlichkeiten, zu sich. Sofie holte ihre Barbiepuppe heraus und zupfte deren Kleidung zurecht. Sven erinnerte sich an Arnold, und kurz darauf waren die beiden darin vertieft, ihre Puppen in ein haarsträubendes Abenteuer zu verwickeln. Bonni hingegen war noch immer mehr an den Elfen interessiert und legte ihnen, wie sie es in der Geschichte gelernt hatte, einen Keks unter einen Haselbusch.

Eine Elfe erschien zwar daraufhin nicht, aber ein seltsames Schimmern schwebte plötzlich zwischen den Zweigen.

Bonni beobachtete es mit riesengroßen Kulleraugen, und als das Schimmern immer mehr Gestalt annahm, flüsterte sie: »Bist du eine Elfe?«

»Bin ich vielleicht ein Eichhörnchen?«, antwortete das Wesen und lächelte.

»Nein, nein, viel hübscher.«

»Danke, aber ich bin weder Eichhörnchen noch Elfe, ich bin euer Schutzengel, und wenn ich es richtig sehe, braucht ihr schon ziemlich bald meine Hilfe.«

Bonni zitterte ein bisschen, denn der kleine Engel hörte sich sehr ernst an.
»Keine Angst, Bonni, ich bin ja bei dir. Wer sind die beiden anderen da? Stell mich vor!«
Bonni stand auf und reichte dem kleinen Geschöpf ihre Hand.
»Sofie, Sven, schaut, unser Schutzengel! Genau wie Mami erzählt hat!«
Ihre Schwester und ihr Cousin bekamen den Mund vor Staunen nicht mehr zu, und das Engelchen lachte leise auf: »Ihr habt wohl nicht geglaubt, dass es uns gibt?«
»Nein, eigentlich nicht«, grinste Sven, der sich rasch von seinem Staunen erholt hatte. »Und brauchen tun wir dich auch nicht. Wir sind nicht in Gefahr! Aber wenn du ein richtiger Engel bist, dann mach doch mal Arni lebendig!«
Sofie kicherte und fügte hinzu: »Und meine Barbie auch!«
»Wenn euch das überzeugt, gerne«, sagte der Engel, berührte Arnold und Barbie mit seinem Finger und verschwand dann als ein kleiner Silberwirbel komischerweise in Bonnis Rucksack.
»Nanu, was war denn das? Ist der Engel jetzt in deiner Tasche?«, fragte Sofie. Doch zu einer Antwort kamen sie nicht, denn in diesem Moment kam plötzlich Leben in die Puppen, und vor den Augen der verwunderten Kinder begann Barbie sich die Haare selbst zu kämmen. Arnold hingegen sah sich mit einem wilden Blick um und grunzte: »Ich habe Hunger!«
»Ich glaub's nicht!«, flüsterte Sven. Doch Arnold bewies noch mehr Leben, indem er mit beiden Händen in den Vanillepudding griff und ihn dann laut schmatzend ableckte.
»Na, der hat aber ulkige Essmanieren«, stellte Sofie fest.
»Wo ist mein Spiegel?«, frage Barbie mit nörgelnder Stimme. »Ich kann mich ohne Spiegel nicht frisieren.«
»Na, die ist aber auch putzig«, grinste Sven.
Aus Bonnis Rucksack ertönte ein tiefes Brummeln, und Sofie zuckte zusammen.
»Bonni?! Was ist in deinem Rucksack, verflixt noch mal?«, wollte sie von ihrer kleinen Schwester wissen.
»Och, das ist nur Brummel. Ich lasse ihn besser raus!«
Sofie schüttelte den Kopf: »Brummel, den ollen, abgelutschten Bären? Den hast du mitgenommen?«

Bonni verteidigte sich: »Na, ihr habt doch auch eure Puppen dabei!«
In der Zwischenzeit krabbelte der Teddy aus dem bunten Rucksack, in dem Bonni ihm ein gemütliches Nest gemacht hatte. Er sah allerdings wirklich recht verwahrlost aus. Die Jahre als Schmusetier und die lange Zeit, die er unbeachtet hin und hergeräumt worden war, hatten Spuren hinterlassen. Sein braunes Fell war schmuddelig geworden, die hübsche Schleife hing ausgefranst und schlapp um seinen Hals, eine Naht an der Hinterpfote war aufgeplatzt, und etwas Füllung quoll dort heraus. Außerdem war sein rechtes Ohr halb abgerissen. Aber sein Gesichtsausdruck war noch immer von gutmütiger Freundlichkeit. Er schüttelte sich und tapste, ein bisschen hinkend, zu Bonni.
Barbie sah ihn und kreischte: »Ihh, ein schmutziger Bär. Ich fürchte mich vor ihm!«
Arnold hob sein Schwert und brüllte: »Hau drauf!«
»Lass das, du Blödmann!«, sagte Bonni und nahm Brummel hoch.
Sven wand sich vor Lachen am Boden, und Sofie versuchte, ihre Barbie zu beruhigen. Dann fragte sie in die Runde: »Und was machen wir jetzt?«
»Nach Hause gehen, es gibt bald ein Gewitter!«, brummte Brummel vernehmlich.
Sven fuhr ihn an: »Ach was, jetzt wird es doch erst richtig lustig. Und überhaupt, woher willst du das denn wissen?«
»Ich bin ein Bär, ich spüre so was.«
»Unsinn!«, sagte Sven. »Kommt, wir spielen Barbie-Retten!«
Aber die beiden Puppen hatten offensichtlich keine Lust dazu, denn Barbie nölte: »Meine Schuhe drücken!« Arnold behauptete: »Ich habe Durst« und begann laut Limonade aus den Händen zu schlürfen.
Doch Brummel hatte nicht unrecht mit seiner Wettervorhersage. Der sternklare Himmel hatte sich mit einem Wolkenschleier zugezogen, und vor dem Mond fegte ein schwarzer Wolkenschatten vorbei. Es war plötzlich sehr, sehr dunkel im Wald, und das Käuzchen schrie warnend: »Uhuuu Uhuuu!«
Dann war die Wolke vorbei, und ohne große Worte zu machen, packten die Kinder ihre Sachen zusammen. »Ist doch

wohl besser, wir gehen nach Hause«, meinte Sofie. »Komm, Barbie! Arnold! Arnold?!«

Arnold war nicht da.

Sie verloren eine Menge Zeit, um den wilden Krieger zu suchen, der sich auf eigene Faust in die Büsche geschlagen hatte. Sie fanden ihn schließlich mit blitzendem Schwert und einem geköpften Fliegenpilz im Dickicht. Er dröhnte: »Ich habe Essen!«

»Unsinn, Fliegenpilze sind giftig, die kann man nicht essen!«, belehrte ihn Sofie, aber Barbie tänzelte herbei und besah sich den selbst im Mondlicht verlockend rot schimmernden Pilz mit den weißen Punkten und forderte herrisch: »Ich will so ein Kleid haben.«

In diesem Moment ließ ein Windstoß das Laub heftig aufrauschen, und Sofie schnappte sich ihre Barbie. Sie vertröstete sie: »Jetzt nicht. Es wird gleich regnen, wir gehen nach Hause.«

Barbie zappelte und quiekte: »Es darf nicht regnen, ich habe keinen Regenmantel dabei.«

Sven sah die beiden genervt an und meinte: »Ist das eine blöde Zicke!«

Sofie zischte zurück: »Na, ein Intelligenzbolzen ist dein Arni aber auch nicht!« Und schon war der schönste Streit im Gange. Erst als ein Blitz die Nacht erhellte, mischte sich Brummel wieder ein.
»Ihr müsst laufen, das Gewitter kommt näher!«
Ein fernes Donnergrollen bestätigte seine Worte, und die Zankerei hörte auf. Aber es war inzwischen stockdunkel geworden, denn der Mond war endgültig hinter dicken Wolken verschwunden.
»Wo müssen wir denn lang?«, fragte Sofie und klemmte sich die protestierende Barbie unter den Arm.
Sven, ganz mutiger Anführer, schlug einen Weg ein und ging voraus. Aber durch die Suche nach Arnold hatte er die Orientierung verloren, der Pfad wurde eng und immer enger, und stachelige Ranken versperrten den Weg.
»Das ist doch nicht richtig hier! meinte Sofie und blieb stehen.
»Nein, ihr müsst mehr nach links!«, brummte Brummel, der gemütlich auf Bonnis Schulter saß.
»Der doofe Bär weiß aber auch alles besser!«, murrte Sven. Aber er kam nicht weiter, denn sein Pulli hatte sich in den Brombeerbüschen verfangen.
»Oh, Mist, ich hänge fest!«, stöhnte er und versuchte freizukommen. Je mehr er sich bemühte, desto fester krallten sich die Ranken in seine Kleidung. Erstmalig in dieser Nacht wurde es dem tapferen Sven doch ein bisschen mulmig, denn ein zischender Blitz fuhr nieder, und der Donner rumpelte merklich lauter. Sofie versuchte, Sven zu befreien, aber sie pikste sich die Finger blutig und schrie: »Autsch! Dich soll dein wilder Arnold befreien! Mir tut schon alles weh!«
Arnold ließ sich das nicht zweimal sagen, er knurrte: »Hau drauf!« und hieb zu. Sein Schwert fuhr knapp an Svens großem Zeh vorbei.
»Um Himmels Willen, hör auf!«, fuhr Sven ihn an und meinte dann unglücklich: »Oh Mann, was mach ich denn jetzt?«
»Lass mich mal sehen. Ich habe ein dickes Fell!«, sagte Brummel und krabbelte von Bonnis Schulter auf Svens Arm. Dorn für Dorn zupfte er die Ranken heraus.
Kaum dass Sven sich wieder bewegen konnte, stürmte er auch schon voran, denn erste dicke Tropfen platschten durch das

Laub. Sofie und Bonni folgten ihm so schnell sie konnten, und keiner kümmerte sich um Barbies Gejammer, dass ihre Frisur ganz verdorben würde bei der rauen Behandlung.
Eine Sturmböe peitschte durch die Bäume und ließ Zweige und Äste auf den Weg prasseln. Einer davon hätte beinahe Sofies Kopf getroffen.
Brummel, der halb in Bonnis Rucksack steckte, rief: »Ihr müsst in eine Höhle. Es ist gefährlich bei Gewitter im Wald!«
Bonni blieb stehen und schrie ihren beiden Gefährten über den heulenden Wind zu: »Haltet doch mal! Haltet an, Sofie, Sven!«
Unwirsch blieben die beiden stehen und fragten: »Was ist denn nun schon wieder?«
»Brummel sagt, wir sollen in eine Höhle!«, gab ihnen Bonni zur Antwort.
»Hier gibt's keine Höhlen!«, rief Sven ihr zu und wollte weiterlaufen.
»Doch!«, sagte Brummel laut. »Da vorne unter der alten Buche! Bären kennen sich mit Höhlen aus!«
»Ich will aber nach Hause«, quengelte Sofie und zerrte Bonni am Arm weiter. Ein Blitz fuhr krachend ganz in der Nähe in einen Baum, und die Luft roch auf einmal sehr seltsam.
»In die Höhle, los!«, befahl Brummel, ganz energisch geworden, und schlüpfte aus dem Rucksack. Hinkend und vor sich hin brummelnd rannte er vorweg. Bonni folgte ihm, und weil ein weiterer heftiger Schauer niederprasselte, schlossen sich die beiden anderen an.
Sie fanden wirklich einen kleinen Unterschlupf unter einer vorstehenden Felsplatte und kauerten sich zitternd zusammen, gerade noch rechtzeitig, um nicht von dem Wolkenbruch völlig durchnässt zu werden. Um sie herum tobte das Gewitter mit grellen Blitzen und ohrenbetäubenden Donnern, dicke Hagelkörner prasselten durch die Zweige, und die Nacht war tintenschwarz geworden. Brummel steckte hin und wieder seine Nase nach draußen, während Barbie sich empört die nassen Schühchen auszog und maulte: »Das ist kein netter Ausflug, meine ganzen Kleider sind verdorben.«
»Zicke!«, sagte Sofie harsch zu ihr und klapperte mit den Zähnen. Der harte Kämpfer Arnold hatte sich an Sven geklammert,

biss in seinen Schwertknauf, und als ein besonders lauter Donner krachte, jaulte er auf: »Ich habe Angst!«
Nach einer kleinen Weile wurde der Regen zu einem Tröpfeln, und das Gewitter zog ab. Noch einmal schnüffelte Brummel nach draußen, dann nickte er Bonni zu. »Wir können nach Hause gehen. Da drüben geht es lang!«
Im Gänsemarsch wanderten sie unter tropfenden Bäumen, und als sie vor der geborstenen Eiche am Waldrand standen, in die der Blitz eingeschlagen hatte, da mussten sie doch ziemlich schlucken.
»D … das war ja wirklich gefährlich!«, murmelte Sven kleinlaut.
»Oh je, wenn uns der Stamm getroffen hätte«, sagte Sofie.
»Oder der Blitz!«, ergänzte Bonni. »Aber Brummel hat uns ja in Sicherheit gebracht.« Und ganz leise flüsterte sie: »Oder der Schutzengel, der sich in ihm versteckt hat.«
Bald sahen sie schon die Lichter des Ortes und beeilten sich, so schnell wie möglich nach Hause zu kommen.
Sofies Mutter weckte sie am nächsten Morgen und meinte: »Na, ihr müsst ja müde gewesen sein, sogar das Gewitter und den Sturm habt ihr verschlafen! Nicht mal das Krachen habt ihr gehört, als der Blitz in die große Eiche eingeschlagen ist und sie gefällt hat!«
Sven und Sofie sahen sich schuldbewusst an, und Bonni drückte ihren Teddy fest an sich.
»Ich hab was Komisches geträumt«, fing sie an zu plappern, aber ihre große Schwester schüttelte heftig den Kopf, und so schwieg sie. Ihre Mutter streichelte ihr über die Locken und meinte im Hinausgehen: »Erzähl es mir später, Mäuschen! Jetzt beeilt euch mit dem Aufstehen!«
Als sie draußen war, fuhr Sven Bonni ziemlich heftig an: »Erzähl bloß nichts von unserem Ausflug, sonst passiert was!«
»Was für ein Ausflug, Sven? Ich war nicht mit, ihr habt mich ja nicht geweckt.«
»Was?«
Die beiden Älteren sahen sie verdutzt an, dann fiel ihr Blick auf die Rucksäcke, die noch genauso dastanden wie am Abend zuvor.
»Sieht aus, als hätten wir auch nur einen verrückten Traum gehabt!«, murmelte Sofie tief beeindruckt, als sie ihre Tasche

auspackte. Sven musste sich mehrfach versichern, dass auch sein Rucksack unberührt war. »Aber das mit den Engeln, das glaub ich immer noch nicht! Das war doch nur ein Traum.«

»Was meinst du wohl, warum wir verschlafen haben, Dummkopf?«, fragte Sofie ihn.

»Das war unser Schutzengel!«, krähte Bonni erfreut. »Das weiß doch jedes Kind!«

Nach diesen vernichtenden Antworten wurde sogar Sven sehr nachdenklich. Er packte Arnold später kommentarlos in eine Schachtel und holte ihn nie wieder hervor. Barbie verschwand ebenfalls auf Nimmerwiedersehen in der Spielzeugkiste, nur Brummel erging es anders. Sein Fell wurde von Sven gründlich gewaschen, Sofie flickte ihm die Pfote und nähte das Ohr an. Und Bonni opferte eine wunderschöne rote Haarschleife, um sie ihm um den Hals zu binden. Denn den Kindern war klar geworden, dass sich ihr Schutzengel in der Gestalt des geliebten Teddybären im Traum gezeigt hatte.

## Wo man Engel sieht

Wenn sich ein Regenbogen über den Himmel spannt,
dann gehen die Engel darauf über das Land.
Wenn ein silberner Stern durch die Wolken schnuppt,
kann es sein, dass er sich als Engel entpuppt.
Wenn uns am Abend die Sonne rot brennend verlässt,
dann feiern die Engel über den Bergen ein Fest.
Und wenn's leise flüstert: »Ich habe dich gern!«,
dann ist ein Engel gar nicht so fern.

Licht und Schatten

Angelo berichtet darüber, wie Engel sich gegen das Böse durchsetzen. Er zeigt auch, wie Engel den Kindern helfen können, an die sich ein Dämönchen geheftet hat. Dabei stellt er das gezähmte Teufelchen Ikannsnit vor, das auf Engel umgelernt hat.

# Angelo und die Dämönchen

Termine, Termine! Hier ist wieder euer gehetzter Engel Angelo. Aber keine Sorge, für euch habe ich immer etwas Zeit übrig. Ihr wisst wahrscheinlich gar nicht, was für eine Vielzahl von Angelegenheiten wir erledigen müssen. Da sind einmal selbstverständlich diese Schutzengelpflichten – behüten, trösten, warnen, im letzten Moment vom Abgrund wegziehen und so weiter. Dann muss der Himmel in Ordnung gehalten werden: Wolken schieben und Regenbögen spannen. Dazu kommt musizieren und frohlocken und frohe Botschaften verkünden. Dann treffen bergeweise Anfragen, Bitten und Hilferufe hier ein, die alle sorgfältig bearbeitet werden müssen. Aber eine Aufgabe ist besonders kniffelig. Wie ihr wisst, gibt es nicht nur gute Geister, sondern auch Dämönchen, die euch das Leben schwer machen. Da gibt es Zankteufel und Giftzwerge, Alpdrücke und Hausdrachen, Bösewichtel und Widerborste, die sich liebend gerne bei den Menschen einnisten. Wenn wir so ein Dämönchen erwischen, fangen wir es und versuchen, ihm Manieren beizubringen. Meist haben wir Erfolg damit, und so mancher Zankteufel hat sich dabei zum Friedensengel gewandelt.

### Erziehungspflichten eines Engels

Ich habe einmal den Dämon Ikannsnit betreut, der auf Engel lernen wollte. Er war besonders hinterhältig, weil er die Menschen ständig dazu gebracht hat, faul zu sein und sich durchzuschummeln. »Das kannst du ja doch nicht!«, war sein ständiges Reden, bis der Junge oder das Mädchen es schließlich geglaubt haben. Aber nachdem ich mit Engelszungen auf ihn eingeredet habe, hat er sich durch und durch geändert, hat sein schwarzes Gewand abgelegt, sich Flügel anpassen lassen und einen neuen Namen angenommen. Ihr habt ihn vielleicht schon kennen gelernt – er heißt heute Lernwas und gehört zu den Engeln des Ostens. Jetzt flüstert er seinen Schützlingen ein: »Du kannst was!« und hilft ihnen beim Lernen.

## Babuschka

»Aua, aua, aua! Jetzt hat er mich gekratzt, dieser Teufel«, jaulte Kevin und hielt sich den Unterarm. Britta sah angstvoll auf den fauchenden schwarzen Kater, den sie beide angelockt und dann mit einer Schnur um den Schwanz am Zaun festgebunden hatten. Das war ja anfangs noch ganz lustig gewesen, aber inzwischen schien das Tier jeden Sinn für Humor verloren zu haben und teilte kräftige Krallenhiebe aus, wenn sich einer der beiden näherte. Die Kinder standen ein bisschen betreten vor dem angebundenen Kater, denn sie trauten sich nicht, ihn wieder loszumachen. Und da erschien zu allem Überfluss auch noch ein bedrohlicher Schatten hinter ihnen.

»Ihr grässlichen Kinder! Macht, dass ihr verschwindet!«, grollte die Gestalt im schwarzen Mantel, dessen Kapuze den Kopf fast ganz verhüllte. Zu Tode erschrocken drehten sich die zwei um und erkannten nur wütend blitzende Augen und eine knochendürre Hand, die einen dicken Stock umklammerte. Kreischend stoben sie von dannen, um weiter unten im Dorf Zuflucht bei ihren Müttern zu suchen.

Die alte Frau in dem schwarzen Mantel jedoch bückte sich zu dem tobenden Kater. Ein Windstoß wehte ihr die Kapuze vom Kopf, und im Sonnenlicht schimmerte eine Fülle schneeweißen Haares auf. Unter ihrem eindringlichen Blick wurde der Kater ruhiger und ruhiger, und als sie die Hand nach ihm ausstreckte, fauchte er nur noch ganz leise. Er war noch jung, halbwild auf einem der Bauernhöfe aufgewachsen, aber eigentlich zutraulich. Die alte Frau machte ihn los und murmelte: »Du kannst mitkommen, Maunzer!«

Offensichtlich verstand der Kater das, und gemeinsam gingen die alte Frau und er in das kleine Haus, das ein wenig abseits vom Dorf am Waldrand stand.

Die Kinder hatten inzwischen atemlos ihre Mütter erreicht, die bei einem Schwatz vor der Bäckerei standen. Britta heulte, und Kevin polterte sofort los, wie ungerecht sie von der Alten vertrieben worden seien.

»Die olle Hexe hat uns von ihrem Haus verscheucht!«, schimpfte er empört, um sein eigenes schlechtes Gewissen wegen des gequälten Katers zu beruhigen. »Und ganz fürchterlich mit

dem Stock gedroht«, jammerte Britta mit einem Schniefen. Die beiden Mütter trösteten ihre Kinder und sahen sich dann an. Die alte Frau war erst vor wenigen Jahren in das einsame Haus am Wald gezogen und tauchte nur an den Markttagen auf, wo sie einen kleinen Stand mit selbst gemachten Marmeladen und getrockneten Kräutern aufbaute, der sich großer Beliebtheit erfreute. Da sie sich ansonsten wenig zeigte und ihre eigenen seltsamen Wege ging, gab sie Anlass für viele Vermutungen.
Jetzt hatte sie mit den Kindern geschimpft, und die Gerüchte wurden immer hässlicher. Schon glaubten einige, sie habe Britta und Kevin mit Prügel verjagt, und allen Kindern wurde verboten, auch nur in die Nähe ihres Hauses zu gehen. Selbst kluge Mütter warnten plötzlich vor bösen Hexen, und in der Gemeindebücherei war die Nachfrage für das Märchen von Hänsel und Gretel groß.

Die Kinder hingegen machten es zur Mutprobe, sich bei Einbruch der Dunkelheit und unter größter Heimlichkeit in die Nähe des einsamen Hauses zu wagen. Und nur noch die ganz Unerschrockenen kauften ihre Marmelade bei »der alten Hexe«, wie sie jetzt von allen genannt wurde.
Die alte Frau kümmerte sich nicht weiter darum, sondern widmete sich ihrem geheimnisvollen Tagesablauf und Maunzer, der sich zu einem anhänglichen Kater und erfolgreichen Mausejäger entwickelte.
Doch dann, ein halbes Jahr später, ereignete sich etwas, das doch weit schlimmer war als die Beschimpfung der Kinder durch die Hexe. Ein Mann mittleren Alters, der bislang im Dorf noch nie gesehen worden war, spazierte eines Tages über die Felder und traf Britta und Kevin, die dort spielten. Er überredete sie zu einer Nascherei, die die beiden arglos annahmen. Sie konnten ja nicht wissen, dass die leckeren Kekse ein Betäubungsmittel enthielten. Nach wenigen Minuten waren sie in tiefen Schlaf gefallen, und der Mann packte sie, um sie zu seinem Wohnwagen zu schleppen, der im Wald versteckt war.
Gegen Abend wurden die Eltern von Kevin und Britta unruhig und fragten alle ihre Nachbarn nach den beiden Kindern. Als es dunkel wurde, war schließlich das ganze Dorf auf den Beinen. Auch die alte Frau erfuhr von dem Verschwinden der Kin-

der, denn es gab einige, die sie verdächtigten, den Kindern etwas angetan zu haben. Zum Glück gab es Besonnene, die diesen Verdacht zerstreuten.
Es war in der Stunde vor dem Morgengrauen, als Maunzer plötzlich im Bett aufschreckte und seine Herrin weckte. Er miaute fragend und drehte die Ohren nach allen Seiten. Die alte Frau war sofort hellwach und murmelte ihm etwas zu. Mit einem Satz war der Kater aus dem Bett, und man hörte nur noch das leise Klappern der Katzentür. Die Frau warf sich ihren schwarzen Mantel übers Nachthemd und nahm den Knüttel in die Hand, auf den sie sich beim Gehen stützte. Lauschend trat sie an die Haustür. Für jemanden ihres Alters schien sie eine ausgezeichnete Nachtsicht zu haben, denn sie folgte zielstrebig dem beinahe unsichtbaren Kater. Er führte sie nicht weit von ihrem Garten im Wald zu einem uralten, ausgehöhlten Baum, vor dem er regungslos sitzen blieb. Ganz leise, ganz, ganz leise hörte man es atmen.

»Ihr Kinder! Habt keine Angst! Ich komme euch helfen!«, flüsterte die Alte heiser. Nur ein leises Wimmern und ein Stöhnen: »Die Hexe!« verriet, dass sie richtig vermutet hatte. Britta und Kevin hatten ihrem Entführer ganz knapp entkommen können und waren jetzt starr vor Schreck und Schmerzen. Blindlings waren sie in der Dunkelheit durch den Wald gestolpert und hatten sich schließlich zerkratzt, mit blauen Flecken, erschöpft und zitternd vor Angst in einer Baumhöhle verkrochen. Dass jetzt auch noch Gefahr durch die Hexe drohte, war zu viel für Britta. Sie wurde ohnmächtig. Kevin hielt sich ein bisschen besser und schluchzte: »Bitte, bitte, tun Sie uns nichts!«
»Natürlich nicht. Ich bringe euch zu meinem Haus. Ich beschütze euch.«
Sehr misstrauisch kroch Kevin heraus und versuchte seine kleine Freundin hinter sich herzuziehen, aber sie war zu schwer für ihn. Die Alte bückte sich, und mit erstaunlicher Kraft hob sie das bewusstlose Mädchen auf und trug es zum Haus. Kevin humpelte hinter ihr her, an seiner Seite strich Maunzer, den Schwanz stolz erhoben.
Im Haus angekommen, legte die alte Frau Britta aufs Sofa und deckte sie warm zu. Kevin wies sie einen bequemen Ohrensessel zu.

»Ich mache einen Tee für euch arme Kinder«, murmelte sie beruhigend und verschwand in der Küche. Kevin sah sich neugierig um. So hatte er sich das Innere eines Hexenhauses doch nicht vorgestellt. Eher das Zimmer einer Urgroßmutter. Obwohl es einen altmodischen Fernseher gab und sogar eine ganz moderne Stereoanlage. Er wurde von seiner Musterung abgelenkt, denn Britta rührte sich.
»Wo … wo bin ich? Ohh, Kevin …!«
»Wir sind bei der alten Frau. Ich glaube nicht, dass sie es böse mit uns meint.«
»Mir tut alles weh«, klagte Britta und fing wieder an, bitterlich zu weinen.
Die Alte kam mit einer Kanne und Tassen zurück und kniete neben dem Sofa nieder. »Oh, oh, dem kleinen Mädchen ist Schlimmes passiert«, sagte sie leise und fuhr Britta über die Haare. »Hier ist heißer Tee, der wird dir helfen.«

Die alte Frau hatte sich inzwischen ein einfaches Kleid übergeworfen und ihre langen weißen Haare zu einem losen Zopf geflochten. Ganz verändert wirkte sie, und Britta sah sie vertrauensvoll an, nachdem sie ein paar Schluck von dem angenehm duftenden Tee getrunken hatte. Auch Kevin hielt eine Tasse in beiden Händen.
»Ich ... ich glaube, Sie sind gar keine Hexe«, flüsterte er und lächelte zögernd. Die alte Frau sah ihn an und lächelte auch.
»Wie heißen Sie eigentlich?«, wollte Britta plötzlich wissen, und die Alte zuckte mit den Schultern. »Hab meinen Namen vergessen. Was brauche ich einen Namen ...«
»Oh doch. Jeder Mensch hat doch einen Namen!«, beharrte Kevin und sah sie verwundert an. Britta allerdings nickte. »Sie sind schon sehr alt, nicht wahr?«
»Oh ja, sehr, sehr alt.« Ein seltsames Lächeln lag auf dem faltigen Gesicht der Frau, und sie wirkte auf einmal gar nicht alt.
Britta fasste ihre Hand vorsichtig und meinte: »Ich hab mal einen Namen in einer alten Geschichte gelesen, der würde zu Ihnen passen. Dürfte ich ... dürfen wir Sie Babuschka nennen?«
Das Strahlen der alten Frau erfüllte das ganze Zimmer mit Licht.
»Oh, Babuschka ist ein wundervoller Name. Ja, ich werde Babuschka für euch sein.«
Es herrschte eine Weile tiefes Schweigen, und in diesem seltsamen Moment besiegelten die vier – einschließlich Maunzer auf Brittas Schoß – ihre Freundschaft. Doch eine heftige Bewegung des Katers unterbrach die Stille. Sie lauschten. Jemand näherte sich dem Haus.
»Neiiiin!«, entfuhr es Britta. »Wenn das der Entführer ist, um uns wieder zu holen!«
»Keine Angst, Kinder. Nichts Böses kommt über meine Schwelle«, brummelte Babuschka, nahm ihren Stock und ging zur Tür, an der fordernd geklopft wurde.
Der Entführer hatte die Kinder verfolgt, denn er hatte Angst, dass sie ihn später wiedererkennen und verraten würden. Und so war sein einziger Gedanke, sie zum Schweigen zu bringen. Die hilflose alte Frau würde ihm dabei keine Schwierigkeiten machen, dachte er. Darum wählte er den einfachsten Weg, zu

den Kindern zu kommen. Er klopfte an der Tür, ein Messer in der Hand.
Britta und Kevin hielten den Atem an, und Maunzers Fell war hoch aufgesträubt, als Babuschka mit einem Ruck die Tür aufriss. Der Mann war einen kleinen Moment überrascht, holte aber dann sofort zu einem Hieb aus.
Babuschka jedoch schien plötzlich gewachsen zu sein. Ein machtvolles Wort in einer unbekannten Sprache hing dröhnend im Raum, und ein Flimmern erfüllte die Luft am Eingang. Der Mann fiel sofort zusammen und lag wie betäubt vor der Schwelle.
Verblüfft sahen Britta und Kevin zu ihm hin und dann zu Babuschka, die jetzt wieder ganz normal aussah.
»Ich glaube, Sie sind vielleicht keine Hexe, aber bestimmt sind Sie unser Schutzengel«, flüsterte Britta. Und wieder war ein Lächeln die Antwort.
Dann waren quietschende Reifen zu hören, und zwei Männer stürmten auf das Haus zu. Die beiden Polizisten mit den Waffen in der Hand sahen verdutzt auf das zitternde Häuflein Elend am Boden und steckten die Pistolen fort.
»Was ist denn hier passiert?«, fragte einer die alte Frau in der Tür.
»Oh, dem Mann ist von seinen eigenen Untaten schlecht geworden. Und die Kinder sind hier in Sicherheit.«
So kam es, dass niemand mehr die alte Frau eine böse Hexe nannte, sondern sie von nun an von allen, ob groß oder klein, liebevoll Babuschka gerufen wurde.

## Genia und die giftigen Gedanken

Hallo, zusammen, ich bin Engla, ein eifriger Schutzengel, und Angelo hat mich gebeten, euch meine Erlebnisse zu erzählen. Mach ich doch gerne.

Vor einigen Jahren hatte ich ein sehr liebes Mädchen zu betreuen. Es war keine anstrengende Aufgabe, denn Genia machte kaum Schwierigkeiten. Sie kümmerte sich geduldig um ihren jüngeren Bruder, half ihrer Mutter, ohne zu murren, räumte fast immer auf, wenn ihre Freundinnen gegangen waren, und machte so gut wie freiwillig ihre Hausaufgaben. Manchmal musste ich sie bei ihren wilden Spielen etwas zurückhalten, aber sie hörte meist auf mich, ihre innere Stimme. So passierte ihr nichts wirklich Ernsthaftes – von ein paar blauen Flecken oder so mal abgesehen.

Genia und ihre Eltern wohnten in einer großen Stadt, aber dann fanden ihre Eltern ein Haus in einem kleineren Ort, und sie zogen um. Es war ein schönes, altes Haus mit einem großen Garten. Genia bekam ihr eigenes Zimmer unter dem Dach, wo sie aus dem Fenster in die Wipfel der Bäume schauen konnte. Auch die Nachbarn waren nett, es gab einige Familien, die Kinder im gleichen Alter hatten und mit denen sie die Schule besuchte. Eigentlich hätte Genia glücklich sein müssen, aber irgendetwas begann sich zu ändern. Ich beobachtete mit entsetztem Flügelschlagen, wie sie eines Nachmittags ihren kleinen Bruder auszankte, der ihre Buntstifte benutzt hatte. Richtig giftige Worte sagte sie zu ihm und zerrte ihn dann auch noch an den Ohren. Sofort versuchte ich ihr sanfte Worte einzuflüstern. Nach ein paar Minuten hörte sie auch auf mich und tröstete den kleinen Jungen wieder. Aber schon am nächsten Tag gab es ein ähnliches Problem. Genia saß mit ihrer Freundin Nessi zusammen und löste Mathematikaufgaben. Nessi war ein bisschen langsamer als sie, und schon nannte Genia sie blöd und doof, was das Mädchen sehr kränkte. Wieder versuchte ich einzugreifen, aber diesmal mochte Genia nicht auf meine Worte hören, und die beiden gingen im Streit auseinander.

Als Genia dann auch noch bei ihrer Mutter ganz hässlich über eine andere Klassenkameradin herzog, wurde ich stutzig. Hier ging etwas nicht mit rechten Dingen zu. Ich wartete, bis Genia am Abend einschlief, steckte noch mal die Decke um sie herum fest und machte mich dann auf die Suche. Das alte Haus hatte viele Ecken und Winkel, und ich brauchte beinahe die ganze Nacht, bis ich unter den Dachsparren diesen giftig grünen Zipfel entdeckte.

»Komm raus da!«, befahl ich, aber nur ein hämisches Kichern war zu hören. Ich duckte mich ein wenig und versuchte, den Zipfel heranzuziehen, aber da pikte mich diese miese Figur in den Finger. Es brannte scheußlich, und ich zog mich etwas zurück. Sorgenvoll saugte ich an der Wunde und stellte fest, dass es gallebitter schmeckte. Meine schlimmsten Befürchtungen bestätigten sich – ein Dämon hatte sich in dem alten Haus eingenistet und in Genia ein wehrloses Opfer gefunden. Ich verzog mich in eine dunklere Ecke und versuchte mir in Erinnerung zu rufen, was ich über Dämonen gelernt hatte. Dabei ließ ich den grünen Zipfel nicht aus den Augen. Dämonen, so erinnerte ich mich, lebten von der Bösartigkeit. Fanden sie keinen Menschen, den sie zur Schlechtigkeit verleiten konnten, wurden sie klein und mager. Hatten sie sich aber bei jemanden eingenistet, der auf ihre Gemeinheiten hörte, dann wuchsen sie jedes Mal, wenn sie ihn mit Erfolg zur Bosheit verleitet hatten. Dieser Dämon war noch ziemlich klein, ein Giftzwerg sozusagen, bewaffnet mit einer Giftspritze, aus der er Tropfen seiner Gehässigkeit in die Ohren der Menschen träufelte. Ich musste also auf jeden Fall verhindern, dass er sich weiter an Genia heranmachte, damit er nicht irgendwann zu einem Giftriesen wurde. Aus seinem Versteck bekam ich ihn hier auf dem Dachboden nicht heraus, aber er würde sicher nichts unversucht lassen, um Genia wieder zu irgendeiner Niedertracht zu verleiten. Jetzt, da ich wusste, worauf ich zu achten hatte, war ich auf der Hut.

Es war schon am nächsten Tag so weit. Genia war zu einer Geburtstagsfeier eingeladen, und kurz bevor sie sich auf den Weg machte, sah ich, dass sich der handspannengroße grüne Dämon in ihrem Haarband versteckte.

»Es ist ja so schade, dass Bettina so viele schöne Geschenke bekommt! Dabei ist sie viel weniger gut in der Schule als du!«, säuselte er ihr ins Ohr. »Ich kann das gut verstehen, wenn du

neidisch bist. Es wäre doch nur gerecht, wenn du ihr die Geschenke ein bisschen schlecht machst!«
Ich ärgerte mich, dass ich nicht eingreifen konnte, denn es war nicht möglich, Genia in die Haare zu fassen und den Dämonen da herauszuzerren. Das hätte ihre hübsche Frisur durcheinander gebracht und bestimmt furchtbar geziept. Aber ich umflatterte sie heftig, als sie bei Bettina ankam, und immer, wenn sie eine böse Bemerkung zu den Geschenken machen wollte, legte ich meine Flügel um sie. Ganz konnte ich es nicht verhindern, aber die schlimmsten Beleidigungen behielt sie für sich. Was ich allerdings vergessen hatte, war, dass das Gift trotzdem in Genia weiterwirkte. Der Neid fraß später den ganzen Abend an ihr, so dass sie entsetzlich schlecht gelaunt war.
Der Dämon hingegen war gut zehn Zentimeter gewachsen, wie ich feststellen musste, als ich ihm hinter dem Dachsparren auflauerte. Er spuckte Gift, als er mich sah, wagte es aber nicht, aus seiner Ecke hervorzukommen. Ich setzte mich gemütlich auf einen zusammengerollten Teppich, zupfte mir ein paar lange, blonde Haare aus und begann, daraus ein ganz feines, dünnes Netz zu knüpfen. Netze aus Engelshaar sind die beste Methode, um Dämonen einzufangen, das weiß ja jeder. Aber ganz alleine konnte ich es nicht, ich brauchte Genias Mitarbeit. Sowie sich der Dämon an ihr festgekrallt hatte, war ich machtlos, also musste ich sie dazu bringen, ihn von sich aus abzuschütteln, damit er mir in die Maschen geriet.
Mit dem Netz bewaffnet wartete ich die nächste Gelegenheit ab. Sie kam bald. Genia und ihr Bruder tollten in der Wohnung umher, und dabei stieß Genia eine schöne und teure Vase um. Sie zerbarst in tausend Splitter, und Wasser und Blumen verteilten sich auf dem ganzen Boden. Als ihre Mutter von dem Klirren aufgeschreckt die Türe öffnete, schlüpfte auch sofort der grüne Giftzwerg herein und sprang auf Genias Schulter. Lieblich flötete er: »So was Dummes, jetzt wirst du bestimmt bestraft werden. Es wäre doch viel gescheiter, wenn du behauptest, dein Bruder hätte die Vase umgeworfen!«
Ich neigte mich zu Genias anderem Ohr und raunte ihr zu: »Tu es nicht, Liebes. Bitte, sag die Wahrheit!«
Genia stand mit bedrückter Miene vor den Scherben, und ihr kleiner Bruder steckte verlegen den Daumen in den Mund, als

die Mutter sie beide streng ansah. »Ich hatte euch gebeten, nicht im Wohnzimmer herumzutoben! Ihr habt jeder ein eigenes Zimmer, in dem ihr spielen könnt. Und jetzt habt ihr meine Lieblingsvase kaputt gemacht!«

Der Dämon tuschelte: »Dein Bruder wird nichts sagen, schieb ihm ruhig die Schuld zu!«

Ach, wenn sie sich doch nur mal heftig schütteln würde, dann hätte ich eine Chance, mein Engelshaarnetz über diesen hässlichen Giftzwerg zu werfen. Aber Genia machte den Mund auf und begann: »Ich hab die Vase nicht …«

»Genia!«, rief ich mit allem mir zur Verfügung stehenden Nachdruck, und sie stockte einen Moment. Ihre Mutter sah ihr fest in die Augen und fragte: »Was willst du sagen?«

»Ich … wir … mein Bruder …!« Sie schüttelte sich plötzlich heftig, und der Giftzwerg auf ihrer Schulter verlor das Gleichgewicht.

»Ich hab' nicht aufgepasst, Mama. Tut mir Leid, ich glaube, das war meine Schuld!«, sagte Genia zerknirscht, und der Giftzwerg war deshalb so von den Socken, dass er sie losließ und von ihrer Schulter rutschte – genau in mein wundervolles Engelshaarnetz. Ich zog es mit einem Ruck zusammen und hielt den zappelnden, kreischenden Dämon fest unter den Arm geklemmt.

»Dann feg jetzt die Splitter zusammen, und wisch den Boden auf. Und komm, Genia, es ist schon gut, ich bin nicht böse mit dir, nur ein bisschen traurig wegen der schönen Vase.« Sie fuhr Genia durch die Haare und lächelte sie plötzlich an: »So kenne ich mein Mädchen wieder. Vorhin hatte ich beinahe gedacht, du würdest deinem kleinen Bruder die Schuld in die Schuhe schieben.«

Genia sah erstaunt auf und meinte: »Ja, das hätte ich beinahe auch. In der letzten Zeit hatte ich oft böse Gedanken. Aber irgendwie sind die jetzt weg.«

Beruhigt verließ ich den Raum und sauste los, um den zänkischen Giftzwerg in unserer englischen Dämonen-Erziehungsanstalt abzuliefern. Ich musste mir zwar den ganzen Weg über sein Gezeter und seine ätzenden Bemerkungen anhören, aber das machte mir viel weniger aus als eine von seiner Bosheit vergiftete Genia.

**Mein Engel freut sich**

Bin ich mal krank, hab Schmerzen und Wunden,
dann hilft mein Engel mir zu gesunden.
Und wenn mein Leid und mein Kummer am größten,
dann kommt mein Engel, um mich zu trösten.

Doch bin ich trotzig und jammere täglich,
dann fühlt mein Engel sich einfach kläglich.
Und bin ich schon groß und schimpf auf die Kleinen,
dann muss mein Engel sogar weinen.

Doch bin ich brav und mach kein Gequengel –
dann freut sich mein Engel.

# Ein echter Weihnachtsengel

Angelo zeigt, mit welch ausgefallenen Methoden Engel Gutes tun können. Vor allem mit Tieren können sie sich verständigen und sie überreden, mit ihnen zusammen den Menschen Liebe, Vertrauen und Hoffnung zu schenken.

# Angelos tierische Hilfsengel

Hier, direkt aus dem Schneegestöber, meldet sich euer Angelo wieder. Es ist eine schöne Zeit für Engel. Wie hören die Kinder von uns singen, ihre Wünsche, spüren ihre Vorfreude, bis wir dann, in der stillen Nacht, vom Himmel hoch herniederkommen. Ja, der Winter birgt so seine Freuden!

Aber nicht für alle, daran solltet ihr auch denken, wenn ihr eure Wunschzettel schreibt. Es gibt viele, die einsam sind, Ärger und Sorgen haben, die traurig sind oder gar arm und hungrig. Es gibt sogar Menschen, die sich noch nicht einmal von ihrem Engel helfen lassen wollen, und in solchen Fällen müssen wir manchmal Umwege gehen. Aber wir haben Freunde unter den Lebewesen, und wir bitten sie oft, einen Teil unserer Aufgaben zu übernehmen. Hunde zum Beispiel sind gerne bereit, mit uns zusammenzuarbeiten. Sie sind unheimlich gut im Trösten und auch im Wachen und Beschützen. Pferde sind beinahe genauso gut, nur passen sie selten in die Wohnung. Aber wenn man sich mit ihnen anfreundet, sind sie ausgezeichnete Zuhörer und bewahren jedes Geheimnis. Wenn wir Engel jemanden brauchen, der uns dabei unterstützt, schlechte Laune zu vertreiben, dann wenden wir uns an Vögel aller Art, die Flatterlinge muntern zwitschernd und singend die meisten Leute auf. Krokodile hingegen bitten wir nicht so oft um Unterstützung.

### Sanft und eigenwillig

Ja, und dann gibt es noch die Katzen. Zärtlichkeit, Anmut und Weisheit sind ihre hervorragendsten Eigenschaften, und darin sind sie fast engelsgleich – fast.

Denn Katzen haben einen sehr eigenen Willen, sind selbstständig und ausgesprochen stolz. Wir haben manchmal etwas Mühe, sie zur Mitarbeit zu überreden, wie die nachfolgende Geschichte zeigt. Aber wenn eine Katze beschlossen hat, ihrem Menschen etwas Gutes zu tun, und sich schnurrend an seine Beine schmiegt, dann ist sie ein wahrer Engel.

## Kritzkatz – von Weihnachten angekratzt

### Erster Teil der Geschichte, in der ein äußerst unwilliger schwarzer Kater dazu überredet wird, dem Christkind zu helfen

Der Kater war schwarz, und schwarz war auch seine Seele. Schwarz und übel waren sein Charakter und seine Gefühle. Nur die Schwanzspitze war unschuldig weiß geblieben.
Er strolchte mit finsteren Absichten an der Hauswand entlang, denn er wollte Futter stehlen. Solche Untaten hatte er in den kalten Dezembertagen gehäuft begangen. Der Frost hatte nämlich den Boden gefrieren lassen, und die Mäuse zogen es vor, in ihren warmen Nestern unter der Erde zu bleiben. Daher knurrte sein Magen, und ein leerer Bauch ist nun mal für eine ausgewachsene Katze ein unmöglicher Zustand.
Dieser Räuber schlich also auf leisen Pfoten, wenn auch ziemlich stark humpelnd, unter einem niedrigen Balkon entlang. Er schnüffelte. Da wurde etwas gebraten! Seine zerkratzte, verschorfte Nase war zwar nach dem letzten Kampf noch nicht wieder ganz funktionstüchtig, aber es war unüberriechbar, dass da Fleisch gebraten wurde. Er ruckelte sich zum Sprung zurecht und wollte eben sein frevelhaftes Werk beginnen, als er sich von etwas Spitzem in den Rücken gepikst fühlte.
»Hey, Kritzkatz, was machst du da?«
Er fauchte.
»Fauch mich nicht an. Das beeindruckt mich nicht.«
Die Stimme kam von hinten, und Kritzkatz drehte sich um. Eigentlich wollte er dem Geschöpf gleich eine Schramme verpassen, aber als er dann sah, zu wem die Stimme gehörte, blieb er doch mit offenem Mäulchen sitzen. Ein Kind, vielleicht so hoch wie ein Tisch. Nackte Beinchen stemmten sich fest auf den eisigen Boden, ein kurzes, verschlissenes weißes Hemdchen bedeckte eben mal die nötigsten Stellen, und am Rücken ragten, wie bei einem Vogel, gefiederte Flügel hervor. In der Hand hielt dieses Wesen einen Stab mit einem Stern an der Spitze. Das war sicherlich das Werkzeug, das ihn so unwürdig gepikst hatte. Na ja, und dann gehörten noch eine Menge goldener Locken dazu und ein eigenartiges Flimmern um den lockigen Kopf.

»Wer bist du?«, herrschte Kritzkatz die Gestalt an.

»Manche sagen, ich sei das Christkind. Kannst mich Chrissy nennen.«

»Und was willste von mir, Chrissy?«

»Wir könnten uns gegenseitig helfen. Du hast Probleme, ich hab Probleme.«

»Ich hab keine Probleme. Und schon gar keine, bei denen mir so ein nackthintriger Dreikäsehoch helfen könnte.«

Leider wurde diese barsche Abfuhr ein wenig unglaubwürdig, da bei dem Wort ›Käse‹ Kritzkatzens Magen donnernd knurrte. Chrissy ignorierte das und konzentrierte sich auf das Adjektiv.

»Wieso nackthintrig?«

»Na, sieh dich doch mal an! Machst dich hier wichtig in deinem kurzen Hemd. Dabei blitzt der bloße Popo drunter vor. So richtig schön, um die Krallen reinzuschlagen!«, fügte Kritzkatz genussvoll grinsend hinzu.

»Oh!«, meinte Chrissy und zerrte an dem dünnen Hemdchen. »Ist wohl ein bisschen eingegangen in den letzten paar hundert Jahren. Aber die Zeiten sind schlecht und neue Hemdchen schwierig zu bekommen. Darum wollte ich ja ein Geschäft mit dir machen. Bei dir guckt nämlich auch da und dort die Haut unter dem Fell hervor.«

In der Tat war der schwarze Pelz aufgrund schlechter Ernährung und heftiger Futterkämpfe ein wenig räudig geworden. Insgeheim störte das den eitlen Kritzkatz empfindlich. Daher fragte er misstrauisch: »Was bietest du denn, Blankpopo?«

»Ein weiches, gepflegtes Fell, abgeheilte Kratzer, gesunde Pfoten und Augen, die nicht mehr tränen. Und eine Futterstelle auf Dauer.«

»Hört sich nicht schlecht an«, meinte Kritzkatz nach kurzem Nachdenken. »Aber was muss ich dafür tun? Das krieg ich doch nicht ohne Bezahlung!«

»Nicht ganz. Aber es ist ganz einfach. Weißt du, ich möchte den Menschen zu einem schönen Weihnachten verhelfen.«

»Dann mach das doch, wo ist das Problem?«, unterbrach ihn Kritzkatz.

Chrissy antwortete geduldig: »Es ist da ein Missstand auf der Welt! Die Weihnachtsfeiern sind zu öden Konsumorgien mit

Familienstreit oder einsamen Fernsehabenden geworden. Niemand kommt mehr zusammen, um ein fröhliches oder besinnliches Fest zu begehen. Und an mich will sowieso niemand mehr glauben. Darum kann ich leider auch nicht persönlich eingreifen. Aber ich dachte, Katzen haben so was, das Menschen einander näher bringt. Da könnte mir vielleicht eine von ihnen helfen.«

»Aber ich nicht, Hemdenmatz. Mit Menschen hab ich nix an der Kralle. Dreimal getreten, einmal fast den Schwanz angesengt, mit Nadeln gepikst, mit Steinen beworfen … Vergiss es. Ich hole mir, was ich brauche, von ihnen, damit hat sich's.«

»Bist aber nicht sehr erfolgreich damit, was?«

»Wenn du mich mit deinem Gelaber nicht ständig aufhalten würdest, hätte ich inzwischen schon einen Klops aus der Pfanne geholt.«

»Meinst du? Hättest du?«

»Klar. Jeder, wie er's braucht.«

»Und ich wollte dir hiermit die Patschepfote wieder heil machen!« Chrissy zeigte auf den Stab mit dem Stern. Um ehrlich zu sein, Kritzkatz hatte große Schmerzen in dem verstauchten Vorderbein.

»Aber jeder, wie er's braucht, nicht wahr?« Chrissy sah ihn mit einem schelmischen Grübchengrinsen an, hob den Stab und berührte die verletzte Stelle. Der Stern an der Spitze glitzerte kurz auf. Kritzkatz sah dem Leuchten überrascht nach und hob die Pfote, um sie zu betrachten. Er leckte einmal darüber und stellte sie dann vorsichtig auf den Boden.

»Stark! Wie hast du das gemacht?«

»Bisschen was kann ich wohl doch noch, trotz des kurzen Hemdchens!«

»Kannst du damit auch die Schrammen wegmachen?«

»Können könnte ich das …«

»O.k., o.k., kapiert, Nacktärschchen. Was soll ich tun?«

Chrissy nickte ihm beifällig zu, strich mit dem glitzernden Stab einmal geschwind über den ganzen raben-

schwarzen Kater und murmelte ein paar unverständliche Worte.
»Und, wie fühlst du dich jetzt?«
Kritzkatz reckte sich und streckte sich, gähnte mit weit geöffnetem Maul, haschte probehalber nach seiner Schwanzspitze und fand sich absolut fit.
»Wenn du jetzt noch das Loch in meinem Bauch stopfen würdest, wär alles in bester Ordnung.«
»Nun, das kann ich leider nicht«, meinte Chrissy etwas schelmisch, denn genau das hätte es auch noch tun können. Doch ein hungriger Kater war besser zu beeinflussen.
»Aber ich kann dir sagen, wie du an einen Teller Futter kommen könntest.«
»Na, und wie? Erzähl schon, lange halte ich das nicht mehr aus!«
»Ganz einfach. Du besuchst jetzt die Frau, die hier wohnt, und bittest sie, dir etwas zu geben.«
»Ich wusste, dass du einen an der Klatsche hast, Chrissy. Die alte Wachtel ist so beknackt, die würde mich glatt aus dem Fenster schmeißen.«
Da Kritzkatz schon seit Tagen das Haus und seine Bewohner beobachtet hatte, konnte er sich durchaus ein Bild von den Leuten machen. Die alte Hilde Neumann war ihm als sehr unangenehm erschienen. Er hatte sie getroffen, als sie das Mädchen angegiftet hatte, das sein Fahrrad mit Gepolter in den Flur geschoben hatte, er hatte beobachtet, wie sie den stotternden Jungen runtergeputzt hatte, weil er sie nicht gegrüßt hatte, er hatte ihre missbilligenden Blicke gesehen, mit denen sie den jungen Türken und seinen Bruder ansah, wenn sie aus dem Haus traten, er kannte ihr Naserümpfen, wenn der schwarze Mann die Straßen hochkam, und er war Zeuge gewesen, wie sie die elegante junge Frau angepfiffen hatte, nur weil sie die Treppe nicht richtig geputzt hatte.
»Gerade darum solltest du zu ihr gehen und sie um Futter bitten. Sie braucht vermutlich nur ein bisschen Freundlichkeit. Mh?«
»Ich grab mir lieber 'ne Maus aus!« Kritzkatz wollte Chrissy den Rücken zuwenden und dank des wiedererlangten körperlichen Wohlbefindens auf Jagd gehen.

»Du bleibst!«
»Auauauau! Lass das, du abgefahrener Rauschgoldbengel!«
Chrissy hatte mit dem Stern an seinem Stab Kritzkatzens Schwanz am Boden festgeklemmt.
»Wir hatten eine Vereinbarung, erinnerst du dich?«
»Nein! Ich lass mich doch nicht von so einer schäbigen Christbaumfigur ins Unglück treiben.«
»Möchtest du wieder Schrammen auf der Nase haben? Und eine Patschepfote?«
Kritzkatz fauchte vor Wut. Aber ein kleines bisschen Nachgeben schwang jetzt schon darin mit. Möglichst würdevoll setzte er sich auf die Hinterbeine und betrachtete das Christkind, das trotz seines verschlissenen Hemdchens eine unerwartete Autorität ausstrahlte.
»Chrissy, du bist echt ätzend! Jetzt nimm das Dings da von meinem Schwanz, damit ich hochspringen und meine Bettleroper singen kann.«
»Schon besser, mein Freund. Aber ich komme mit.«
»Besser nicht, die Alte kriegt 'n Herzkaschperl, wenn sie dich so sieht.«
»Das ist ja gerade mein Problem, sie sieht mich nicht, sie glaubt nicht an mich, sie will sich von mir nicht helfen lassen. Darum singst du die Betteloper! Und dabei brauchst du bestimmt moralische Unterstützung.«
»Bestimmt nicht!«
»Wetten?«
Kritzkatz fügte sich ins Unvermeidliche, sprang auf den niedrigen Balkon und stand dann ein wenig ratlos vor dem zwar hell erleuchteten, aber fest verschlossenen Fenster.
»Und nu?«, fragte er.
»Du willst da hinein, also bitte darum.«
»Bitten, bitten, bitten! Kann man nie mal was ohne Bitten bekommen?«
Schweigen.
»Gut, ist ja gut. Also dann: Mauauauauauauau!!«
»Kläglicher, Kritzkatz!«
Kritzkatz johlte zum Herzzerreißen. Es rumpelte im Zimmer, und die Tür wurde aufgerissen.

»Ruhe, du dummes Vieh!«, keifte die grauhaarige Frau ihn an.
»Rein, Kumpel, nix wie rein«, feuerte Chrissy ihn an. Zwischen den baumwollbestrumpften Beinen flutschte Kritzkatz ins Wohnzimmer. Er konnte nicht sehen, ob Chrissy es auch geschafft hatte, wurde aber durch die Anweisung: »Schnurren!« sofort davon überzeugt.
»Raus mit dir! Was soll das denn? Kss, kss, Kss!« Die Frau klatschte in die Hände, machte aber keine Anstalten, ihn anzufassen. Aber Kritzkatz, durch schlechte Erfahrungen vorgewarnt, duckte sich angstvoll und zog sich unter dem Fernsehsessel zurück.
»Du sollst doch schnurren, ihr um die Beine gehen und all diese Dinge machen, die Katzen tun, wenn sie freundlich zu Menschen sein wollen.«
»Pfeif drauf. Meinst du, ich will mich hier treten lassen?«, grollte Kritzkatz.
»Die tut dir nichts. Nun schnurr schon!«, forderte Chrissy nachdrücklich.
Hilde Neumann versuchte noch immer, den schwarzen Eindringling aus seinem Versteck zu vertreiben. Aber er blieb stur sitzen. Allerdings war die Nacht empfindlich kalt, und durch die geöffnete Balkontür zog ein frostiger Hauch ins Zimmer. Resigniert gab Hilde es auf, die Katze zu vertreiben, und schloss erst einmal das Fenster.
»Du wirst dich schon melden, wenn du wieder raus willst!«, murrte sie.
»Jetzt schnurr endlich. Schnurr!«, befahl Chrissys Stimme.
Also schnurrte Kritzkatz.
Er hatte schon lange nicht mehr geschnurrt, in seinem Leben gab es nicht viel zu schnurren. Darum klangen die ersten derartigen Geräusche, die er produzierte, auch ziemlich rostig. Sozusagen wie ein raues Schnarchen.
»Himmel, kannst du das nicht besser?«, beklagte sich Chrissy unzufrieden.
Resigniert stellte Kritzkatz seine kläglichen Versuche ein und maulte: »Wenn du mich immer nur schimpfst ...!«
»Also gut. Tschuldigung. Komm, versuch's noch einmal. Stell dir einen Teller voll Ölsardinen vor. Saftig, fettig, köstlich. Die hat so was im Schrank. Ich weiß das!«, lockte Chrissy. Kritzkatz

schluckte den Speichel hinunter, der sich bei diesem Bild in seinem Maul gesammelt hatte. Vielleicht war das das Geheimnis, denn die nächsten Geräusche kamen einem Schnurren schon erheblich näher. Er schnurrte und schnurrte und schnurrte, bis Hilde wieder auf ihn aufmerksam wurde. Diesmal schien sie auch etwas weniger böse auf ihn zu sein.

»Du scheinst dich ja mächtig wohl da unten zu fühlen. Na, ist ja auch bestimmt angenehmer als in der Kälte draußen.«

»Jetzt um die Beine, Kritzkatz!«

Gehorsam kroch der schwarze Kater unter dem Sessel hervor und lehnte sich gegen das Polster. Probehalber rieb er einmal seinen Kopf an Hildes linkem Schienbein.

Und da geschah es, das erste Wunder in dieser Geschichte. Die Frau beugte sich zu ihm herunter und streichelte ihn vorsichtig zwischen den Ohren. Das nächste Schnurren grollte aus seiner Kehle, und er drehte seinen Kopf in ihrer Hand hin und her.

»Schönes, seidiges Fell hast du, Kleiner. Ach, und was für eine Schmusekatze. Kannst ja gar nicht genug bekommen. Mmmmh!«

Kritzkatz wunderte sich über sich selbst. So etwas hatte er in seinem rauen Leben noch nicht erfahren. Ganz übel konnte diese Frau ja wohl doch nicht sein. Nein, wahrhaftig nicht. Sie war gar nicht so sehr gemein. Sie kam doch wirklich mit dem Teller voll Ölsardinen an. Ahhhh!

Nachdem sein Magen voll war und wie eine Kugel im weichen Bauchfell hing, zeigte auch Kritzkatzens nachtschwarze Seele eine weiße Schwanzspitze. Er begleitete Hilde fürsorglich, als sie zu Bett ging, und wurde am Fußende geduldet.

Chrissy hatte er vorläufig vergessen.

## Zweiter Teil der Geschichte, in der ein schwarzer Kater eine seltsame Methode findet, um den Menschen zu helfen

Hilde und Kritzkatz gingen eine lose Beziehung ein. Natürlich konnte man von einem wilden, freien Kater nicht erwarten, dass er Schlag auf Fall zu einem sanften Hauskätzchen wurde, aber immerhin tauchte er zu Essenszeiten pünktlich an der Wohnungstüre auf. Chrissy hatte sich rar gemacht und erschien erst am Morgen des 24. Dezembers wieder. Kritzkatz war gerade dabei, sich nach seinem Reviergang zu putzen – mit besonderem Augenmerk auf die weiße Schwanzspitze –, als er sich wieder mal in den Rücken gepikst fühlte.

»Du schon wieder!«

»Ja, ich. Wir beide haben doch heute noch etwas zu erledigen, erinnerst du dich?«, fragte Chrissy schelmisch grinsend.

»Nee. Aber, hey, du hast ein neues Hemd. Man sieht ja deinen kleinen Knackpo gar nicht mehr.«

In der Tat hatte Chrissy ein knielanges Gewand an, das auch viel schönere und vollere Falten warf. Aus manchen Blickwinkeln schimmerte es sogar ein bisschen überirdisch.

»Ich hab auf meine Idee hin einen Kredit bekommen. Davon konnte ich mir das leisten. Aber jetzt müssen wir diese Idee in die Tat umsetzen, Kritzkatz. Die Weihnachtsfeier hier bei deinem Menschen!«

»Hier? In dem Haus? Was für eine abgedrehte Idee. Da kann doch keiner mit dem andern. Und schon gar keiner mit der alten Hilde. Die hat sich doch mit jedem angelegt. Vergiss es. Vergiss es ganz einfach.«

»Nein!« Chrissy sah unerbittlich aus. »Ich will den Menschen helfen. Gerade hier gibt es ein paar lohnende Fälle. Und du hast versprochen, mir zu helfen.«

»Nix hab ich versprochen. Könnte mich nicht daran erinnern.«

Chrissy funkelte Kritzkatz zornig an. An seinem Stab blitzten die Zacken des Sterns gefährlich auf.

Der Kater gab nach: »Mann, du mit deinen schrillen Ideen. Wie kann ich dir denn helfen?«

»Du machst Geschenke. Deiner Hilde. Weihnachten ist das Fest der Gaben.«

»Soll ich ihr eine Maus mitbringen? Die kann sie dann am Schwanz an ihr Bäumchen hängen.«

»Sie hat einen Weihnachtsbaum? Oh, das ist gut.«
»Na ja, einen kleinen. Da hat sie fünf Kerzen reingesteckt und wird heute Abend ganz alleine davorsitzen.«
Chrissy rieb sich vergnügt die Hände. »Nein, nein, Kritzkatz. Jeder der Hausbewohner wird ihr ein Geschenk unter den Baum legen. Du wirst es überbringen, und sie wird die Leute einladen!«
»Dir sind wirklich die letzten zweitausend Jahre aufs Hirn geschlagen.«
»Du tust es! Klar?«
»Wenn du's sagst. Aber beklag dich nicht über die Folgen!«
Kritzkatz drehte sich um und schlüpfte hinter der schlanken Stewardess Inger Adam ins Haus. Er folgte ihr ungesehen bis in die Wohnung und überlegte, was er wohl Sinnloses mitnehmen könnte, das als Geschenk dienen würde. Er brauchte nicht lange zu suchen. In der Küche lagen drei kleine Christstollen, ordentlich verpackt und mit dem Emblem der Fluggesellschaft verziert. Das war unsinnig genug, denn Hilde hatte ja selbst gebacken. Außerdem ließ es sich leicht transportieren. Als Inger kurz darauf zum Briefkasten ging, schnappte er sich ein solches Päckchen und sauste los. Er hatte Glück, Hildes Wohnungstür war nur angelehnt, und er stupste sie mit der Pfote auf.
Hilde fand den Christstollen gegen Mittag unter ihrem winzigen Bäumchen. Verblüfft drehte sie ihn hin und her. Schon beim ersten Blick darauf war ihr klar geworden, von wem er stammte. Unschlüssig, aber angenehm berührt zauderte sie einen Moment. Sie hatte mit Inger wenig gemeinsam, sie mochte diese große junge Frau nicht, sie war ihr zu elegant, zu weltgewandt, zu erfolgreich, und sie fühlte sich alt und grau neben ihr. Aber trotzdem wusste sie, was sich gehört, strich Rock und Pullover glatt und stieg die Treppe zu Ingers Wohnung hinauf, um sich zu bedanken.
Als ihr die Stewardess öffnete, war Hilde entsetzt. Die ansonsten so elegante junge Frau sah völlig verheult aus und schnupfte in ein feuchtes Taschentuch.
»Ach herrje, entschuldigen Sie bitte die Störung, Frau Adam. Aber ich wollte mich nur für den Stollen bedanken!«
»Stollen? Was für einen Stollen?«

»Sie haben mir doch den kleinen Stollen unter den Baum gelegt! Bestimmt, als ich vorhin im Keller war. Es ist doch einer von Ihrer Fluggesellschaft.«
Immer noch verwirrt und nicht sehr glücklich sah Inger ihre Besucherin an. »Ja, ich hab da so Stollen. Aber«, sie schniefte, »bin nicht so gut drauf.«
Wieder rollten Tränen über die Wangen, die jetzt gerötet und fleckig waren. Hilde wurde plötzlich von Mitleid übermannt.
»Armes Mädchen, was ist denn so Schlimmes passiert? Kommen Sie, an Weihnachten darf man doch nicht so weinen.«
Vermutlich waren es die mitfühlenden Worte, die Anteilnahme von derart unerwarteter Seite, dass sich Inger widerstandslos in ihr Zimmer führen und auf das Sofa bugsieren ließ. Hilde legte den Arm um ihre Schultern und hörte aus ihren verworrenen Sätzen, dass sie einen dicken Liebeskummer hatte. Leise murmelte sie tröstliche Worte. »Und jetzt bin ich an Weihnachten ganz alleine!«, schloss Inger ihre Geschichte und begann wieder zu schluchzen. Hilde ließ die junge Frau sich an ihrer Schulter ausweinen, bis die Tränen versiegten. Dann strich sie ihr über die schönen hellblonden Haare und meinte: »Sehen Sie, Inger, ich bin heute an Heiligabend auch ganz alleine. Wenn es Ihnen nichts ausmacht, mit einer einsamen – und zugegebenermaßen manchmal etwas verbitterten – alten Frau ein Glas Punsch zu trinken, dann kommen Sie doch bei mir vorbei. Und jetzt legen Sie sich hin und schlafen ein bisschen. Das Weinen hat Sie ganz erschöpft.«
Mit einem schiefen Lächeln in ihrem verquollenen Gesicht bedankte sich Inger und nahm die Einladung an.
»Sie sind viel lieber, als ich dachte. Ich werd auch immer brav die Treppe putzen.«
»Ach, vergessen Sie das bitte.« Hilde wand sich ein bisschen, als sie an den bösen Streit erinnert wurde, und ging nachdenklich zurück in ihre Wohnung.

Hier fand sie ein weiteres Ergebnis von Kritzkatzens Geschenkaktion vor. Eine Baseballmütze lag auf dem Gabentisch. Einen Moment lang sah Hilde die schwarze Kappe ratlos an. Dann dämmerte ihr etwas.

»Kater! Kaaater! Du Räuber! Wo bist du?«

Kritzkatz aber war bereits mit der Beschaffung seines nächsten Geschenkes beschäftigt und hörte die vorwurfsvollen Worte nicht.

Also machte sich Hilde wieder auf den Weg nach oben. Die Herkunft der Mütze war klar, sie hatte sie oft genug gesehen, wenn der große farbige Mann nach Hause kam. Sie wusste von ihm nur, dass er in seiner Freizeit mit den Kindern und Jugendlichen in der Straße Ball spielte. Streetball nannten sie es, aber Hilde konnte kein Amerikanisch. Darum musste sie auch allen Mut zusammennehmen, als sie bei ihm läutete. Ein schwarzes Gesicht sah aus erhabener Höhe auf sie herab.

»Guten Tag, Frau Neumann. Was kann isch fur Ihnen tun?«

Innerlich atmete Hilde auf. Der konnte ja wenigstens Deutsch. Auch wenn er Furcht erregend aussah.

»Guten Tag, Herr Bush. Ich – äh, also – ich habe Ihre Mütze gefunden.«

»Meine Mutze? Oh, my cap. Wirklisch, sie lag eben noch hier!«

»Ich muss mich entschuldigen, aber meine Katze hat sie geklaut!«

Genau in dem Augenblick, als sie das sagte, fiel ihr auf, wie komisch die Situation eigentlich war, und sie kicherte ungewollt.

»Ihre Katze hat was? Was ist ›geklaut‹? Sorry. Mein Deutsch ist nicht perfect.«

»Sie hat es gestohlen.«

Der Mann fing brüllend an zu lachen und rief etwas für Hilde Unverständliches aus.

»Oh, ich verstehe Sie leider nicht. Ich kann nämlich gar kein Englisch.«

»Pardon, Ma'am, kommen Sie herein eine Moment, und erzählen Sie von Ihre Verbrecherkatze.«

Er machte eine einladende Bewegung, und von unerklärlicher Neugier getrieben trat Hilde ein. Sie war sehr misstrauisch gegenüber dunkelhäutigen Menschen. Allerdings war Frederick Bush gerade dabei, einen Stapel blütenweißer Hemden zu bügeln, und die Vorurteile lösten sich auf wie Rauch in klarer Winterluft. Wenige Minuten nachdem sie auf einem bequemen Ledersessel saß, hielt sie ein Glas süßen Sherry-Brandy in der Hand und erzählte das erste Mal von ihrer Bekanntschaft mit Kritzkatz. Fred Bush erzählte ihr Geschichten von seiner Katze und seiner Großmutter, und wie es sich so ergab, kam das Thema Heimweh auf und der Heilige Abend in der Fremde. Nach einer äußerst vergnüglichen halben Stunde hatte Hilde einen weiteren Gast zum Punsch eingeladen.

Ich bin neugierig, dachte sie auf dem Weg in ihre Wohnung, ob ich ein weiteres Geschenk von der Katze finde.

Das war tatsächlich der Fall, aber sie konnte sich im ersten Moment nicht so recht darüber freuen, denn es machte sich mit Quieken bemerkbar. Schon wollte sie den Kater beschimpfen, dass er ihr eine lebendige Maus mit hereingebracht hatte, aber dann sah sie, dass eine Mausefalle hier keine Abhilfe schaffen konnte. Ein Gameboy gab die seltsamen Töne von sich, und natürlich wusste Hilde, von wem er stammte. Diesmal musste sie sich richtiggehend zusammenreißen, denn den Jungen, dem sie das Spielzeug zurückbringen wollte, mochte sie nicht. Sie fand ihn unhöflich und muffelig, denn er grüßte sie nie und gab auch nie Antwort auf ihre Fragen. Als sie ihn vor einigen Tagen deswegen getadelt hatte, war seine Mutter reichlich pampig zu ihr geworden. Aber mit gestrafften Schultern machte sie sich auf den Weg zu der Wohnung, wo Thomas und seine Mutter Annegret wohnten. Thomas öffnete auf ihr Klopfen, und Hilde reichte ihm mit einem vorsichtigen Lächeln den Gameboy.

»Den hat mein Kater bei dir gemopst, ich denke, du hast ihn schon vermisst.«

Der Junge sah sie mit großen Augen an und öffnete den Mund. Doch nichts als ein paar unverständliche Laute kamen heraus, obwohl ihm die Anstrengung ins Gesicht geschrieben war.

»Oh, Tommy, langsam!« Thomas Mutter tauchte im Flur auf und grüßte Hilde zurückhaltend.

»D..d..die K..Katze hat m..m..meinen Gameboy gemopst«, stotterte Tommy mühsam. Und Hilde wurde mit einem Mal erschreckend klar, warum der Junge immer so verschlossen war. Mit roten Ohren sah sie Mutter und Sohn an und brachte verlegen eine Entschuldigung für ihr unhöfliches Verhalten vor.

»Schon gut, Frau Neumann. Kommen Sie doch einen Augenblick herein. Ich habe gerade Plätzchen gebacken.«

So kam es, dass Hilde bei ein paar knusprigen Makronen die traurige Geschichte erfuhr, warum Thomas solche Probleme beim Sprechen hatte.

»Seit sein Vater gestorben ist, will er nicht mehr sprechen, der arme Junge. Wir haben alle möglichen Behandlungen versucht, aber es bleibt bei einem mühseligen Stottern. Darum hat er auch keine Freunde. Er sondert sich immer mehr ab und beschäftigt sich nur noch mit seinen Computern. Ich – na ja, ich leide auch darunter, denn ich mag auch keine Leute mehr einladen oder mit ihm Besuche machen. Er ist völlig menschenscheu geworden.«

Wieder spürte Hilde, wie sich gewaltiges Mitleid in ihr regte, und sie meinte: »Vielleicht mögen Sie sich aber heute unserem kleinen Kreis anschließen.«

»Welchem Kreis?«

»Oh, ich habe ein paar unserer Mitbewohner zu einem Glas Punsch eingeladen. Die kennt Thomas doch alle. Außerdem habe ich den Verdacht, dass mein Kater dahintersteckt.«

»K … Kater?«, fragte Tommy.

»Oh ja. Ein sehr hintersinniger Kater. Wenn du kommst, erzähle ich dir mehr darüber.«

Tommy nickte, und seine Mutter Annegret nahm für ihn erfreut die Einladung an.

»Gut. Und ich gehe mal und setze den Punsch an.«

Ein Ballettschuh war es diesmal, aber kein Stück Katzenschwanz zu sehen, den man hätte loben können.

Kritzkatz war bei der Arbeit. Er war übrigens erstaunt von dem Ergebnis. Eigentlich hatte er ja nur nutzlose Geschenke überbringen wollen. Aber je öfter er Hildes Reaktion beobachtete, desto unterhaltsamer fand er das Spiel.

Den Ballettschuh in der Hand zog Hilde jetzt los und geriet in einen prächtigen Familienstreit. Daniela war dabei, sich für eine Ballettaufführung fertig zu machen, die der Mittelpunkt einer kleinen Weihnachtsfeier im Altersheim war. Sie suchte in gewohnt schusseliger Manier ihr Kostüm zusammen. Lampenfieber und Zeitdruck machten sie launisch, und als sie nur einen Schuh fand, fuhr sie ihre Mutter Marion heftig an, sie habe ihn beim Aufräumen verkramt. Da aber auch Marion aufgeregt war, gab sie eine heftige Antwort, und schon war der schönste, lautstärkste Streit im Gange, den man sich nur wünschen konnte.
Mitten in die Schlacht platzte Hilde mit dem Schuh und der Erklärung von der »Raubkatze« hinein. Das verblüffte die Streithähne derart, dass sie anfingen zu kichern, sich zu entschuldigen und in fröhlicher Einigkeit die Einladung annahmen, nach der Vorführung vorbeizuschauen.

Blieb die letzte Mietpartei. Aber hier war Hilde wirklich nicht bereit, Zugeständnisse zu machen. Kemal und Ramazan Öz wollte sie an einem Weihnachtsfest nicht dabeihaben. Außerdem war das für die beiden vermutlich sowieso kein Feiertag.
Weil sie sich in die Zubereitung ihres Punsches stürzte und eigensinnig die Packung türkischer Zigaretten übersah – etwas Originelleres hatte Kritzkatz nicht finden können –, befand der Kater, dass er seine Pflicht getan habe.
Nicht so Chrissy. »Ja, ja, das hast du gut gemacht. Aber die Letzten aus dem Haus fehlen noch.«
»Mann, Chrissy, die gehören doch eh nicht in deinen Stall.«
»Apropos Stall. Wie war das mit den drei Weisen aus dem Morgenland?«
»Was weiß denn ich. Schließlich hab ich mich nicht mit Kuh und Esel gemein gemacht.«
»Kritzkatz! Nur Kemal und Ramazan noch.«
»Kleine Fische, was? Hilde rümpft doch schon die Nase, wenn sie nur riecht, was die kochen.«
»Komm, hab' dich nicht so! Du hast sie doch auch bei den anderen dazu gebracht, ihre Meinung zu ändern. Warum nicht hier? Weißt du, besonders einfallsreich war das mit den Zigaretten wirklich nicht. Streng deinen Grips noch mal an.«
»Christkinder!«, schnaubte Kritzkatz wütend und schlich in die Küche.
Dort war Hilde dabei, die Zutaten für den Punsch zusammenzusuchen. Sie hatte ein paar Flaschen roten Wein geöffnet, frische Orangen ausgepresst und eine Zitrone geschält. Jetzt suchte sie etwas in ihrem Gewürzbord. Brauner Kandis stand schon auf dem Küchentisch und auch ein Schälchen voll Rosinen. Kritzkatz hörte, wie sie leise vor sich hin murmelte.
»Wo sind denn nur die Nelken? Hab ich denn nur noch eine Stange Zimt? Oh, Mist, den letzten Kardamom hab ich für die Kekse verwendet.«
Kopfschüttelnd sah sie auf das klägliche Häuflein Gewürze.
»Das Wichtigste fehlt, Kater. Verflixt, zu dem Punsch gehören Gewürze dazu. So hat ihn schon mein Vater gemacht. Ohne Zimt und Nelken und einen Hauch Kardamom schmeckt er nicht. Ach, und ich wollte doch die Leute so gerne damit überraschen.«

Kritzkatz strich ihr um die Beine, denn sie tat ihm ein klein bisschen Leid. Da hatte sie sich, ganz gegen ihre frühere ungesellige Art, dazu aufgerafft, die anderen Hausbewohner einzuladen, wollte für sie etwas besonders Leckeres zubereiten, und nun saß sie traurig auf dem Küchenstuhl.
Hilde streichelte ihn geistesabwesend und seufzte: »Jetzt hast du dir so viel Mühe gegeben, Kater ... Schade, dass du nicht bei irgendwem Gewürze klauen konntest. Aber wer sollte in diesem Haus auch schon solche ausgefallenen Sachen haben? Eine Stewardess wie Inger kennt Nelken vermutlich nur als Parfüm, Fred hat sicher nur Ketchup in allen Geschmacksrichtungen, Tommy und Annegret sind vorhin aus dem Haus gegangen. Daniela und ihre Mutter sind bei der Aufführung, und ob diese modernen Frauen überhaupt noch so orientalische Gewürze kennen ...?«
Kritzkatz hielt in seinem Um-die-Beine-Streichen ganz plötzlich inne. Da war doch was! Da könnte man doch ...? Wie war das mit dem Stall und den Königen aus dem Morgenland und Myrrhe und Weihrauch und Kebap und Pilav und ... »Mauuuuu!«, schrie er auf und raste zur Wohnungstür.
»Was ist denn in dich gefahren, Kater? Bist du verrückt geworden? Mach doch nicht so ein Spektakel! Ja, ja, ich komm ja schon!«
Schwerfällig bewegte sich Hilde durch den Flur und öffnete die Tür. Kritzkatz stakste hinaus, setzte sich vor die gegenüberliegende Wohnung und fuhr mit seinem Geheul und Gemaunze in höchster Lautstärke fort.
Kemal und Ramazan Öz bereiteten offensichtlich gerade ihr Essen zu, denn im Treppenhaus roch es leicht nach den fremdartigen Zutaten. Hilde war es äußerst peinlich, wie der Kater sich benahm, vor allem, als der ältere der beiden Brüder die Türe öffnete und nachsehen wollte, was das Jaulen und Jammern für eine Ursache hatte. Wusch, war Kritzkatz zwischen seinen Beinen durch und in die Küche gestürmt.
»Ent... entschuldigen Sie«, stammelte Hilde verlegen. »Meine Katze spielt verrückt. Bitte, es tut mir Leid.«
»Das macht doch nichts. Hat sie Hunger? Wir kochen gerade.«
»Nein, ich habe sie gefüttert. Ich ...«

Was Hilde weiter sagen wollte, blieb ungesagt, denn Ramazan kam lachend aus der Wohnung und erzählte seinem Bruder: »Die Katze hat unseren Gewürzschrank durchsucht. Sie spinnt wirklich!«

In der Tat kam Kritzkatz, stolz eine Zimtstange quer im Maul, auf Hilde zu.

»Das glaube ich nicht. Nein, das gibt es nicht! Herr Öz, bitte, haben Sie vielleicht ein wenig Zimt, Nelken und Kardamom für mich? Ich will einen Punsch machen und habe gerade festgestellt, dass mir meine Gewürze ausgegangen sind, und die Geschäfte haben leider schon geschlossen.«

Sofort wandte Kemal sich an seinen Bruder: »Ja, natürlich, Ramazan, hol die Töpfe.«

Hilde rang kurz mit sich, dann sagte sie: »Und – äh – ich weiß ja nicht, ich glaube, Sie feiern nicht Weihnachten, oder? Aber – mh – ich habe die anderen Hausbewohner für heute Abend eingeladen. Nur so auf ein Glas Punsch. Möchten Sie nicht auch kommen?«

Kemal zögerte: »Sie wollen vielleicht lieber unter sich feiern. Wir sind keine Christen, verstehen Sie.«

In diesem Moment wuchs Hilde über sich selbst hinaus. All die Herzlichkeit, die jahrelang unter einer rauen und bitteren Schale eingeschlossen war, brach heraus. Sie reichte Kemal die Hand und sagte: »Bitte, kommen Sie zu uns. Wir wären sonst nicht vollständig.«

Kritzkatz, der wieder in die Küche gehuscht war, vermeinte ein leises »Gut gemacht!« zu vernehmen.

### Dritter Teil der Geschichte, in dem Kritzkatz zu einem neuen Namen kommt und alle Menschen ein Geschenk erhalten

Ja, und dann kamen sie. Einer nach dem anderen.

In ihrem besten Kleid, dunkelblau mit weißen Punkten, die grauen Haare sorgfältig aufgesteckt und auf den Lippen ein Hauch Rosa, erwartete sie Hilde. In der Wohnung duftete es warm nach Orangenschalen und Kiefernnadeln, nach heißem Wachs von brennenden Kerzen, nach Honig und orientalischen Gewürzen.

Inger war die Erste. In der Hand hielt sie einen Korb mit vielen kleinen Stollen und Sektfläschchen. Sie beugte sich ein biss-

chen zu Hilde hinunter und gab ihr zwei Küsschen auf die Wangen.
»Frohe Weihnachten, Hilde, und danke«, flüsterte sie.
»Frohe Weihnachten, Inger. Setz dich. Es kommen noch mehr Gäste.«
Schon erklang die Türglocke.
»Merry Christmas, Hilde.«
Inger beobachtete mit offenem Mund und riesengroß aufgerissenen Augen, wie die alte Dame in Freds Umarmung förmlich versank.
»Isch habe hier eine Geschenk fur die Katze. Und eine fur Sie.« Er überreichte ein Tellerchen mit Filetstreifen und eine Duftkerze.
»Vielen Dank, Fred. Da wird sich der Kater aber freuen.«
Inger lächelte ihn an und ließ sich von ihm die erstaunliche Geschichte des Mützenklaus berichten, während Hilde zur Tür eilte, um Tommy und seiner Mutter zu öffnen.
»Sch..schöne W..Weihnachten«, flüsterte Tommy verlegen, und Hilde umarmte ihn mit großer Herzlichkeit.
»Hier, ein Geschenk für die Räuberkatze und andere Schleckermäuler.« Annegret reichte ihr eine Platte mit Räucherlachs, und Hilde führte sie zu den beiden anderen. Sofort wurden sie in die lebhafte Unterhaltung mit einbezogen, und Hilde konnte Marion die Tür aufmachen.
»Hallo, alle zusammen! Frohes Fest! Meine Tochter kommt auch gleich, sie zieht sich noch um. Ich weiß allerdings nicht, in welcher ihrer schaurigen Verkleidungen wir sie zu erwarten haben, aber ich hoffe, ihr seht es ihr ein bisschen nach. Sie ist kein schlechter Kerl.«
»Aber Marion, natürlich nicht. Kommt, helft mir mal etwas, die Möbel zusammenzuschieben, damit wir alle Platz haben. Da, den Tisch an die Wand. Die Fernsehtruhe neben das Klavier. Ja, so ist es gut!«
Tommy und Fred hatten schnell Platz geschaffen, und jetzt saßen alle in einem Kreis um den kleinen Weihnachtsbaum.
»Viel Schmuck ist da aber nicht dran, Hilde.«
»Ach, na ja, Marion. Ich habe ihn nur so aus Gewohnheit aufgestellt. Ich wusste ja nicht, dass ich so viel Besuch bekommen würde. Früher, als meine Kinder noch klein waren, da habe ich

ihn auch immer liebevoll geschmückt. Aber mit den Jahren sind die Kugeln zerbrochen und die Girlanden ausgefranst. Das da ist alles, was ich noch übrig habe.«

»Moment mal. Ich komme gleich wieder!«

Während Marion in ihre Wohnung lief, traten die Brüder Öz ein bisschen verlegen ein. Sie hatten zwei Messingkugeln dabei, die von einem feinen Muster aus Sternen und Blüten durchbrochen waren.

»Für Räucherwerk«, erklärten sie, und Ramazan zündete eines der kleinen Kegelchen an.

»Weihrauch und Myrrhe«, murmelte Inger fasziniert und rückte auf dem Sofa ein wenig zur Seite, um Kemal Platz zu machen.

»Hey, Kids, come here.« Fred schaffte Platz für die Jungen, die sich auf Kissen zu seinen Füßen setzten.

Dann kam Marion zurück und stellte eine Kiste sorgfältig gebundener Strohsterne auf den Tisch.

»Kommt, wir schmücken den Baum«, forderte sie die anderen auf. Und während dieser Tätigkeit setzte sich Fred ans Klavier und spielte leise ein Lied. Hilde, die in der Küche den Punsch braute, summte glücklich mit.

»Mmmmhhh!«, sagten alle gleichzeitig, als sie dann mit der dampfenden Schüssel eintrat. Unter Gelächter und Scherzworten wurde das würzige Gebräu ausgeteilt, und bevor jemand an seinem heißen Becher nippen konnte, gesellte sich auch Daniela zu der Gruppe.

Sie sorgte allerdings diesmal wirklich für Aufregung, denn anstatt mit Zauselfrisur und Schlabberkleidern zu erscheinen, hatte sie das Feenkostüm ihres Auftritts angezogen. So stand sie jetzt, ganz in weißem, glitzerndem Tüll mit sanft wehenden Federchen an den Schultern auf den Spitzenschuhen und trippelte zierlich in den Kreis. Fred reagierte sehr schnell, und zu den Takten einer hübschen Spieldosenmelodie tanzte Daniela eine kleine Improvisation. Schüchtern nahm sie den Applaus entgegen und setzte sich dann zu Ramazan und Tommy, der abwechselnd rot und weiß wurde, auf den Boden.

Es wurde still im Raum.

Bedächtig nippten die Versammelten an ihrem Punsch und schauten in die Kerzenflammen.

Und dann läuteten die Glocken.
Kritzkatz, der sich vor den vielen Menschen gefürchtet hatte, traute sich in der Stille hinter dem Vorhang hervor. Auf Samtpfoten schlich er unter das Weihnachtsbäumchen und sah kritisch in die Runde. »Na, hoffentlich kriegt Chrissy dafür sein warmes Gewand«, dachte er. »Schade, dass der Hemdenmatz nicht dabei ist. Ein feines Stück Arbeit habe ich da geleistet.«
»Da ist die Katze, die uns zusammengebracht hat!«, flüsterte Daniela, und Kritzkatz fühlte plötzlich alle Augen auf sich ruhen. Er wollte schon wieder hinter die Gardine huschen, als ihm ein Teller mit dem köstlichsten Fleisch vor die Nase geschoben wurde, das er je gerochen hatte.
Und die Glocken läuteten weiter.
»Hat er eigentlich einen Namen, Hilde?«, fragte Inger leise.
»Ich nenne ihn Kater. Aber ich glaube, er verdient einen richtigen Namen.«
»Ja, ganz bestimmt. Wir wollen ihm einen schenken!« schlug Marion vor und sah auffordernd in die Runde. Lustvolles Schmatzen erklang unter dem Christbaum, und Tommy räusperte sich. Ganz klar und ohne zu stottern sagte er: »Was haltet ihr von Christkatz?«
Verblüfft sahen ihn alle an, und unter fröhlichem Lachen stimmten die Gäste zu. Hilde aber stellte die in Katzenkreisen für diese Situation einzig richtige Frage: »Bist du damit einverstanden, Christkatz?«
»Mau!«
Lächeln stand auf allen Gesichtern. Schweigend beobachteten die Menschen dann, wie Christkatz genussvoll die letzten Filetstreifen verspeiste.
Die Glocken läuteten weiter.
Und da geschah es, das zweite Wunder in dieser Geschichte.
Denn als Christkatz sich eben noch genießerisch die Lippen leckte, begann es an seiner Seite überirdisch zu glitzern. Wie flimmernder, aufwirbelnder Goldstaub erschien es, wurde größer, bekam Umriss und Form, wurde heller und leuchtender, und dann stand plötzlich das Kind da. Es trug ein langes, schimmerndes Gewand voller Sterne, und aus dem Rücken ragten weiße, flaumige Flügel. Über seinem gar nicht so kindlichen Gesicht schwebte ein sanfter Glanz.

Atemlos verfolgten Hilde und Inger, Fred, Tommy und Annegret, Marion und Daniela, Kemal und Ramazan, wie das Christkind dem schwarzen Kater liebevoll über den Kopf strich, und dann hielt ein jeder von ihnen plötzlich ein winziges Päckchen in der Hand.
Ein silbriges Klingeln war zu hören. Die Erscheinung löste sich in einem Strudel kleiner Lichtchen auf und verschwand.
Wie von einer höheren Macht geleitet, zogen auf einmal alle an den goldenen Schleifen ihrer Päckchen. Als das Papier raschelnd aufblätterte, erkannten sie, welch wertvolles Geschenk sie erhalten hatten: Jeder von ihnen hatte ein Stückchen Freiheit gefunden. Und so fühlten sie sich plötzlich frei, frei von dem, was sie bedrückte; frei von der Angst vor Verachtung und Misstrauen, frei von der Angst vor der Liebe – oder deren Verlust, frei von der Angst des Erwachsenwerdens oder Alterns und frei von der Angst vor Einsamkeit und Tod. Sie fühlten sich leicht und hoffnungsvoll, und sie fühlten eine große Heiterkeit.

Hilde stand auf und öffnete die Balkontüre. Christkatz folgte ihr, sprang auf das Balkongeländer und schaute zum Himmel hinauf. Die anderen traten ebenfalls nach draußen, und als sie mit dem Kater und Hilde hinaussahen in die kalte, klare Weihnacht, da erkannten sie ein goldenes Licht, das höher und höher stieg, bis es eine schimmernde, kuschelige, sternenumkränzte Wolke erreicht hatte.
»Lasst uns singen!«, rief Fred und schlug in die Tasten.
Seine Stimme dröhnte, und dann jubelte Ingers Sopran. Und aus vollem Herzen sangen Hilde und Tommy, Annegret, Kemal und Marion, Ramazan und Daniela. Christkatz jodelte mit ihnen, und seine rabenschwarze Seele wurde hell und heller, bis sie strahlend weiß war und so heftig leuchtete, dass um seine Ohren kleine Sternchen funkelten.

# Angelo und das Engeltelefon

**In diesem letzten Kapitel gibt Angelo noch ein paar Beispiele dafür, wie man mit Engeln in allen möglichen Situationen in Kontakt kommt. Er verrät, was man zu beachten hat, wenn man einen Engelbrief schreibt, und wie das mit dem Wünschen funktioniert.**

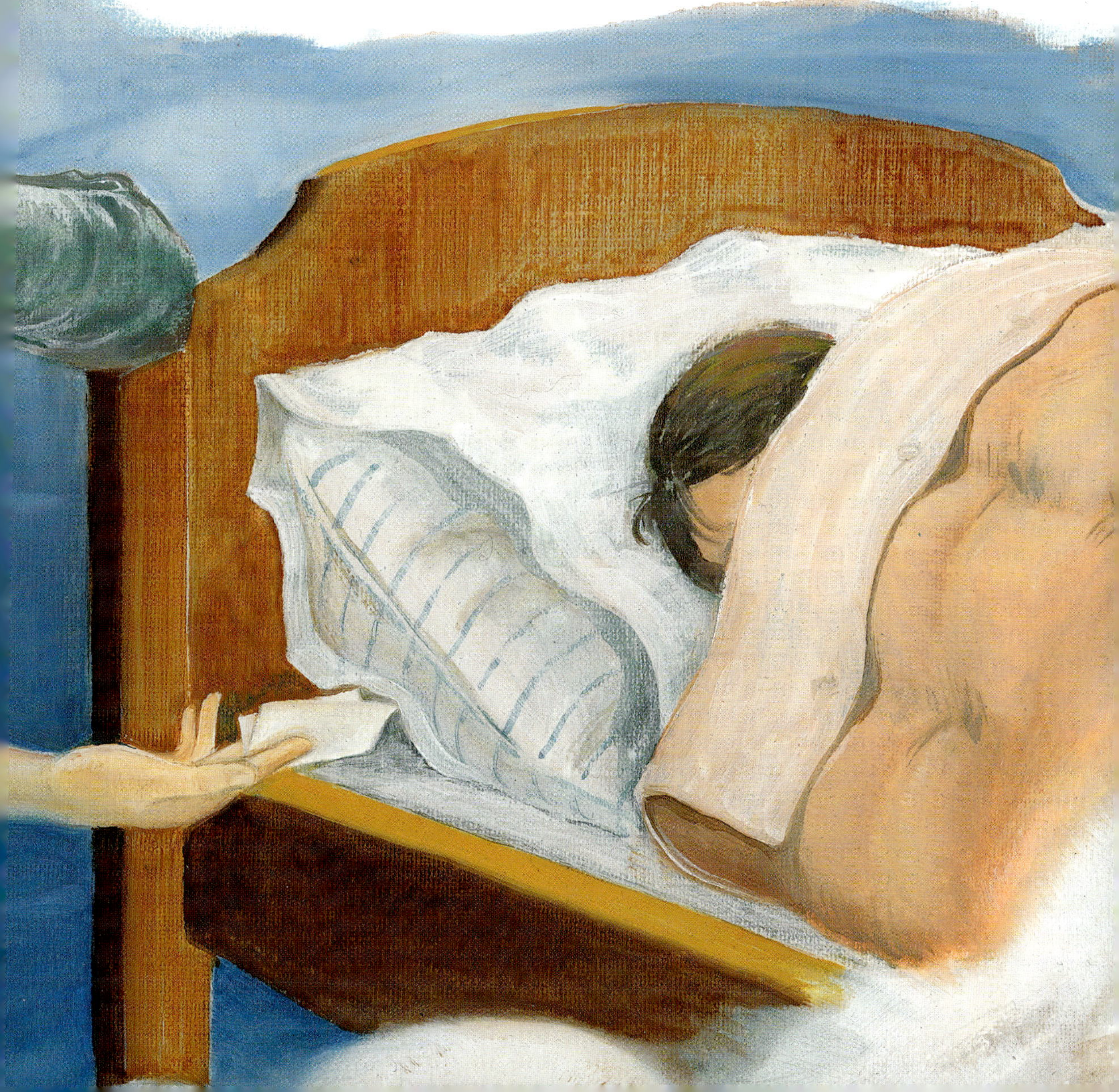

# Angelos Kompass

Jetzt habt ihr in den vielen Geschichten gesehen, wie die Engel und Elfen Menschen, vor allem Kindern geholfen haben. Doch das ist nicht nur in Geschichten so, sondern wir können auch euch helfen, wenn ihr ähnliche Probleme habt. Dazu müsst ihr uns nur anrufen. Nein, nein, nicht mit dem Telefon – Engel brauchen solche technischen Hilfsmittel nicht. Ihr müsst nur fest an uns denken und dann eure Bitte in einem kleinen Spruch aufsagen. Man nennt das auch Gebet, und man kann dazu noch einiges tun, um die Bitte zu unterstützen.
Wenn ihr zum Beispiel einen der Engel der vier Himmelsrichtungen braucht, damit er euch weiterhilft, dann ist es ganz sinnvoll, sich dafür in die richtige Richtung zu drehen.

## Wie man die Himmelsrichtungen findet

Jetzt müsst ihr nur noch wissen, wo Osten, Süden, Westen und Norden ist, nicht wahr? Fragt mal eure Eltern, ob sie es wissen. Es kann aber sein, dass sie auch ein bisschen rumdrucksen. Wenn sie das tun, dann schaut einfach mal selbst nach, aus welchem Fenster ihr morgens die Sonne aufgehen seht. Das ist Osten. Der Westen liegt dann direkt hinter euch. Rechts von euch ist Süden, links ist Norden.

Ganz kluge Leute haben auch einen Kompass. Der zeigt immer an, wo Norden ist, egal wo man sich befindet. Und ich habe in meinen Heiligenschein einen kleinen Schnitz gemacht, der sich auch immer nach Norden dreht, wie die Kompassnadel.
Wenn ihr herausgefunden habt, wo die vier Ecken der Erde sind, solltet ihr euch auf jeden Fall merken, in welcher Himmelsrichtung euer Bett steht. Denn im Bett, kurz

vor dem Einschlafen, sind Anrufe an Engel besonders wirksam. Während ihr schlaft, geschieht dann eine ganze Menge, und wenn ihr morgens aufwacht, werdet ihr merken, dass manche Probleme sich viel, viel leichter lösen lassen.
Ganz wichtig ist aber, dass ihr die Zeilen nicht so einfach auswendig runterleiert, so als wären sie nur leeres Wortgeklingel, sondern es euch wirklich ernst mit dem Wunsch ist, dass ein Engel zu euch kommt. Engel hören nicht nur die Worte, sondern vor allem die Gedanken.

### Anrufungen an die Engel der vier Himmelsrichtungen

Und hier sind die Zeilen, die ihr aufsagen könnt, damit die Engel euch hören, wenn ihr mit dem Lernen besser zurecht kommen wollt, Mut und Energie braucht, nach guten Ideen sucht und vor allem Geduld lernen wollt:

#### An den Engel des Ostens

Engel des Ostens, der klugen Gedanken,
dir haben wir für unser Wissen zu danken.
Mit deiner Hilfe und scharfem Verstand
lös ich die Fragen geschickt und gewandt!

#### An den Engel des Südens

Engel des Südens, der Sonne, der Kraft,
mit dem man auch schwierige Aufgaben schafft!
Gib du mir Stärke, Gewandtheit und Mut,
dann handle ich sicher, erfolgreich und gut.

#### An den Engel des Westens

Engel des Westens, des Abends, der Träume,
komm, wenn wir schlafen, in unsere Räume.
Schick mir die Antwort auf meine Fragen
mit Bildern aus Märchen, aus Liedern und Sagen.

#### An den Engel des Nordens

Engel des Nordens, der Ruhe, der Nacht,
halt über uns deine freundliche Wacht.
Gib mir Besonnenheit, schenk mir Geduld,
in schwierigen Zeiten, bei Lärm und Tumult.

## Angelos Notrufsäule

So, und jetzt noch ein paar besondere Verslein, die ihr euch gut merken solltet, denn wenn man sie kennt, kann man Engel auf dem ganz kurzen Weg um Hilfe bitten. Zum Beispiel, wenn man Angst hat oder nicht schlafen kann oder traurig ist. Ihr könnt sie abschreiben und über das Bett hängen, aber noch besser ist es, ihr lernt sie auswendig. So schwer ist das gar nicht.

### Wenn man nicht einschlafen kann

Engel, Engel von den Sternen,
aus den weiten Himmelsfernen,
komm zu mir in diesen Raum,
singe mich in Schlaf und Traum.

Engel, Engel, hoch vom Mond,
der in Silberwolken wohnt,
vertreibe Sorgen mir und Kummer,
wiege mich in sanften Schlummer.

Engel, Engel, komm zu mir,
an mein Bettchen setz dich hier.
In der Stille, aus dem Schweigen
magst du dich herniederneigen.
Schließ ich dann die Augen brav,
senkt wie Federn sich der Schlaf.

### Bei Traurigkeit

Ihr Engel, kommt, mein Herz ist schwer!
Die Welt ist einsam, kalt und leer.
Hüllt mich in eure Flügel ein
und lasst mich still getröstet sein.

### Wenn man sich ärgert

Aus den Mauern meiner Bitterkeit,
aus dem Schatten meiner Wut,
holt mich der Engel Heiterkeit –
dann wird alles gut!

### Was vor Angst schützt

Ein Engel beschützt mich, hält über mir Wacht.
Er ist immer um mich, bei Tag und bei Nacht.
Ich kann ihn nicht sehen, doch er hört mir zu,
er passt auf mich auf, was immer ich tu.

### Bitte bei Schnupfen

Ich bin krank, ich kann nicht laufen.
Die Nase dick, ich kann kaum schnaufen.
Doch kommt ein Engel auf mein Kissen,
dann mag ich wieder Leckerbissen,
schlafe gut und träume bunt –
so werd ich schnell gesund!

### Und damit ihr wieder lachen könnt

Ratzekatze, Kratzetatze,
meine alte Schmusekatze
liegt auf meiner Schlafmatratze,
und ein kleiner Engelbengel
sorgt für noch viel mehr Gedrängel!

## Angelos Postkasten

Ich habe hier in meinem Büro einen riesengroßen Postkorb, in den flattern täglich Hunderte von Briefen hinein. Post zu bekommen ist ganz wundervoll, und natürlich lese ich jedes Schreiben. Meistens sind es Wünsche, die hier ankommen, oft sind es aber auch richtige Hilferufe – die werden natürlich als Allererstes bearbeitet. Bei den Wünschen ist das so eine Sache. Da schreibt beispielsweise ein kleiner Junge: »Ich wünsche mir zum Geburtstag ein ferngesteuertes Auto!« Nun ja, das mag sein Herzenswunsch sein, aber das Mädchen, das schreibt: »Wir haben Hunger und frieren, wir bitten die Engel um Essen und warme Kleidung«, muss natürlich etwas schneller seinen Wunsch erfüllt bekommen, findet ihr nicht auch? Und der abgerissene, schmuddelige Zettel, auf dem draufsteht: »Ich will jeden Tag Erdbeeren mit Sahne!«, den lege ich auf den Stapel, der ganz zuletzt bearbeitet wird. Ich will euch auch sagen, warum.

### Wunschzettel und Engelbriefe

Es gibt Fälle, da hat man nichts anderes zur Hand als ein zerknittertes Fetzchen Papier, um seinen Wunsch oder seine Bitte aufzuschreiben, das ist etwas, was wir Engel durchaus verstehen. Aber ganz grundsätzlich lieben wir alles Schöne und Bunte. Ein Wunsch wird viel deutlicher für uns, wenn ihr euch mit dem Briefchen etwas Mühe gebt. Vielleicht malt ihr einen hübschen Rand um das Blatt oder klebt ein buntes Bild darauf. Auf jeden Fall solltet ihr richtig schön schreiben, so dass wir es gut lesen können. Es ist doch ziemlich albern, wenn ihr kritzelt: »Ich wünsche mir ein Puppenhaus!« und wir lesen dann »Ich wünsche mir eine Suppenmaus!« und erfüllen dann diesen Wunsch. Na ja, und dann finden wir Engel die Wünsche, die ein bisschen höflicher formuliert sind, natürlich auch netter. »Ich will …« oder »Schickt mir ganz schnell …« oder »Sofort soll …« hört sich nicht wie ein Wunsch, sondern wie ein Befehl an. Das Wörtchen »bitte« ist schon mal eine große Bereicherung.
Engelbriefe und Wunschzettel könnt ihr – wie man das zu Weihnachten zum Beispiel macht – abends auf die Fensterbank

legen. Oder einfach unter das Kopfkissen. Und wundert euch nicht: Selbst wenn es so aussieht, als ob sie nicht abgeholt würden, weil sie am nächsten Tag noch daliegen, sie werden trotzdem von uns gelesen.

**Was man sich wünschen darf und was nicht**

Wir Engel meinen es gut mit euch und helfen euch, wenn ihr es wirklich wollt. Aber wir erfüllen nicht alle Wünsche einfach so. Wir Engel sind nämlich keine Wundertüten! Es muss schon richtig wichtig sein, wenn ihr uns um etwas bittet. Um noch eine neue Puppe oder Berge von Schokoladeneis zu bekommen, braucht man einen Engel gar nicht erst zu bemühen. Auf dem Ohr sind wir völlig taub.

Aber wenn ihr euch wünscht, irgendetwas besser zu verstehen, weniger Angst zu haben, gesund zu werden oder auch einfach mehr Geduld und solche Sachen, dann hören wir genau zu. Und ihr müsst dann nur noch aufpassen, dass ihr unsere kleinen Wunder auch bemerkt.

Übrigens – manchmal bekomme ich auch Briefe, in denen sich jemand ganz einfach bei uns bedankt. Weil etwas Wunderbares geschehen ist, weil sich ein Wunsch erfüllt hat, weil Hilfe im richtigen Moment kam oder weil er oder sie sich ganz plötzlich unheimlich glücklich fühlt. So ein Dankeschön ist für uns Engel einfach das Höchste, und wir hängen diese Schreiben dann an die Silberwolke, an der die ganz besonderen Briefe für alle sichtbar sind, die sich daran erfreuen wollen.

So, und jetzt ist das schöne Buch zu Ende. Aber wir Engel und die Elfen sind nicht verschwunden. Wir sind immer für euch da, wenn ihr uns braucht. Wir begleiten euch und hören euch zu – auch wenn ihr älter werdet.

Ob ihr es glaubt oder nicht!

**Über die Autorin**

Andrea Schacht beschäftigt sich seit vielen Jahren mit Magie und artverwandten Gebieten der Esoterik. Sie versucht, eine Synthese zwischen alten magischen Praktiken und den derzeitigen wissenschaftlichen Erkenntnissen herzustellen – Beziehungen, die besonders in den Bereichen der modernen Pädagogik, der Psychologie und verschiedenen Heilmethoden bestehen.

**Hinweis**

Das vorliegende Buch ist sorgfältig erarbeitet worden. Dennoch erfolgen alle Angaben ohne Gewähr. Weder die Autorin noch der Verlag können für eventuelle Nachteile oder Schäden, die aus den im Buch gegebenen Hinweisen resultieren, eine Haftung übernehmen.

**Bildnachweis**

Das Titelbild und alle Illustrationen sind von Caroline Riedel, Köln.

**Literatur**

*Willenborg, Paul:* Engel, Ellert & Richter 1996
*Taylor, Terry Lynn:* Warum Engel fliegen können, Arkana 1991
*Ende, Michael:* Die unendliche Geschichte, K. Thienemanns Verlag 1979
*Tarr Krüger, Irmtraud:* Schutzengel, Herder 1999
*Gail, Rolph:* Magische Kabbala, Knaur 1995

**Impressum**


in der Econ Ullstein List Verlag GmbH & Co. KG, München
2. Auflage 2001



*Redaktion:* Michaela Breit
*Projektleitung:* Ernst Dahlke
*Redaktionsleitung:* Nina Andres
*Umschlaggestaltung und Innenlayout:* Manuela Hutschenreiter
*DTP-Produktion:* AVAK-Publikationsdesign, München
*Produktion:* Manfred Metzger (Leitung), Annette Aatz, Dr. Erika Weigele-Ismael
Druck und Bindung: Westermann Druck Zwickau GmbH
Printed in Germany
Gedruckt auf chlor- und säurearmem Papier
ISBN 3-517-06128-X

# Register